Editeur responsable:

François Houtart, av. Ste-Gertrude 5, B-1348 Louvain-la-Neuve, Belgique

LES EFFETS SOCIAUX
DES PROGRAMMES D'AJUSTEMENT
STRUCTUREL
DANS LES SOCIETES DU SUD

CENTRE TRICONTINENTAL

LES EFFETS SOCIAUX DES PROGRAMMES D'AJUSTEMENT STRUCTUREL DANS LES SOCIETES DU SUD

ALTERNATIVES SUD
Vol. I (1994) 2

CENTRE TRICONTINENTAL
Louvain-la-Neuve

L'HARMATTAN
Paris

LES CAHIERS ALTERNATIVES SUD

Alternatives Sud est publié conjointement par le Centre Tricontinental de Louvain-la-Neuve et L'Harmattan de Paris. Son but est la diffusion de la pensée alternative élaborée dans les sociétés du Sud. Elle est réservée à des auteurs originaires et travaillant principalement en Afrique, Amérique latine, Asie et Pacifique.

REDACTION & ADMINISTRATION
CENTRE TRICONTINENTAL
Avenue Sainte Gertrude, 5
B-1348 Louvain-la-Neuve
Belgique

EDITIONS
CENTRE TRICONTINENTAL - Louvain-la-Neuve
L'HARMATTAN - Paris

Avec la collaboration de l'Union Européenne

ISBN : 2-7384-2739-1

SOMMAIRE

LES AUTEURS

- ALONSO TEJADA Aurelio (Cuba)
Sociologue; Directeur de recherches au Centre d'Etudes des Amériques de La Havane, Calle 18 n° 316 entre 3ra y 5ta Miramar, Playa Ciudad La Habana, Cuba.

- BAJPAI Nirupam (Inde)
Economiste; c/o Economic & Political Weekly
Hitkari House, 284 Shahid Bhagatsingh Road
Bombay 400038, Inde.

- DO THAI DONG (Vietnam)
Professeur de sociologie à l'Institut des Sciences Sociales de Hochiminhville; projet de recherches sur les relations entre croissance économique et objectifs sociaux. Institut des Sciences Sociales, 49 Nguyen Thi Minh Khai, Q.I., Hochiminhville, Vietnam.

- FOUNOU-TCHUIGOUA Bernard (Cameroun)
Economiste; Directeur des recherches du Forum du Tiers-Monde; Programme actuel: recherches sur un développement alternatif, B.P. 3501, Dakar, Sénégal.

- MUDENDA Gilbert (Zambie)
Professeur à l'Université de Lusaka, Zambie.

REVUE AYANT COLLABORE AU CAHIER

- **Economic & Political Weekly**
Revue hebdomadaire d'analyse politique et économique.
Hitkari House, 284 Shahid Bhagatsingh Road
Bombay 400038 / Inde

LES CAHIERS ALTERNATIVES SUD

Les cahiers **Alternatives Sud** ont pour objectif de faire connaître la pensée du Sud sur les rapports sociaux mondiaux et sur leurs propres sociétés. Selon une opinion fort répandue, cette pensée serait caractérisée par un vide des idées et des initiatives. Or, des intellectuels, des collectifs de recherche, des centres d'études, des groupes d'action produisent des travaux, prennent des positions, publient dans des revues scientifiques ou de large diffusion d'Afrique, d'Amérique latine, d'Asie et du Pacifique sans grande répercussion dans les pays industrialisés. L'objectif des Cahiers est de remédier à cette situation.

Le mot **Alternatives** indique l'orientation. Il s'agit d'autres perspectives que celles de l'économie dominante actuelle dans sa phase de restructuration de l'accumulation capitaliste, avec ses conséquences sociales, politiques et culturelles. Analyser les processus et les mécanismes est une étape. En faire la critique en est une autre. Proposer des solutions alternatives correspondant à une réinsertion de l'activité économique au service du bien-être de toute l'humanité, est le but ultime.

La mention **Sud** remplace quant à elle le vocabulaire inadéquat de Tiers-Monde, puisque le deuxième monde s'est écroulé avec la disparition de l'Union Soviétique et de ses instruments d'intégration économique. L'expression n'est guère analytique, mais elle a l'avantage d'être synthétique. Le sens réel est celui de périphérie, encore qu'aujourd'hui les anciens pays de l'Est acquièrent aussi certaines caractéristiques semblables.

Les auteurs qui expriment la pensée du Sud dans ces Cahiers, sont originaires du Sud et y travaillent de façon principale. Sans doute les chercheurs ou des intellectuels du Nord, ou du Sud rattachés à des institutions scientifiques du Nord, y apportent également des contributions valables. Les travaux publiés y feront de fréquentes allusions. Mais ils ont un accès plus aisé aux publications existantes en Occident, tandis que les autres, à part quelques exceptions, s'expriment dans des revues régionales et locales, peu connues au Nord.

C'est la raison pour laquelle un certain nombre de revues du Sud se sont jointes à l'initiative, en tant qu'associées aux cahiers **Alternatives Sud**, signifiant ainsi leur volonté d'ouvrir une fenêtre vers le monde francophone du Nord. La liste est reprise en fin de volume et elle reste ouverte.

Le contenu des Cahiers évoluera, selon les thèmes choisis en fonction de leur actualité et des travaux réalisés dans le Sud. Les critères du conseil de rédaction sont triples: exprimer les préoccupations et les points de vue des périphéries et principalement des exclus du système mondial, aussi bien régions ou Etats, que classes sociales; procéder théoriquement et méthodologiquement avec sérieux dans les analyses et dans les propositions nouvelles; s'adresser dans un langage accessible à un public qui dépasse celui de leur discipline. Des points de vue contradictoires peuvent s'exprimer, ce qui enrichit le débat.

Enfin les Cahiers publient aussi dans chaque livraison des prises de position de groupes ou de mouvements du Sud, essayant de réfléchir sur les alternatives, au départ de l'action des mouvements sociaux, des partis politiques ou des organisations non-gouvernementales du Sud. **Alternatives Sud** prend ainsi le relais de la version française du **Bulletin Sud-Sud**, dont l'origine fut le désir d'ouverture tricontinentale du Forum de Sâo Paulo, qui réunit les mouvements politiques de gauche en Amérique latine.

Le Centre Tricontinental de Louvain-la-Neuve fut fondé en 1976, dans le but de contribuer aux relations entre les forces de changement dans les continents du Sud, de collaborer avec elles pour l'élaboration de recherches et de réflexions adaptées à leurs situations et de faire mieux connaître leurs objectifs et leurs aspirations dans le Nord. Le nouvel instrument que constituent les Cahiers **Alternatives Sud**, s'inscrit dans cette trajectoire. Il s'ajoute entre autres à la revue bibliographique du CETRI: **Analyses Nord-Sud**.

F. Houtart

Alternatives Sud, Vol. I (1994) 2, pp. 11-30

Editorial

LA FONCTION DES PROGRAMMES D'AJUSTEMENT STRUCTUREL

Le sujet abordé dans ce cahier d'**Alternatives Sud** est très débattu aujourd'hui. Pour les uns les Programmes d'Ajustement Structurel (PAS) sont une opération chirurgicale, pénible sans doute, mais indispensable à une relance économique. Pour les autres, attentifs aux effets sociaux immédiats, l'exclusion et la disparition physique prématurée de millions d'individus dans le Sud, condamne définitivement de telles mesures, les fins ne pouvant justifier les moyens. Dans le premier cas, le langage prend parfois des accents messianiques pour exprimer la foi dans le marché. Dans le second, la démonisation des agents qui exécutent ces politiques remplace souvent une démarche analytique.

Fidèle à sa méthodologie, **Alternatives Sud** désire d'abord examiner les faits et ensuite, sans vouloir présenter des solutions toutes faites, déboucher sur des perspectives alternatives. Cela exige une analyse qui ne parcellise pas la réalité et qui puisse aborder les PAS comme des mécanismes, non seulement de nature économique, mais également sociale, politique et culturelle. Quant au regard porté sur le réel, il sera celui des groupes subalternes, en tant que prérequis culturel, ce qui permet d'introduire des perspectives le plus souvent absentes des raisonnements technocrates.

Ce numéro des cahiers est pour une grande part le résultat d'un séminaire organisé en novembre 1993, par le

Centre Tricontinental à Louvain-la-Neuve[1]. Il aborde les PAS au départ du Sud, en se demandant s'ils sont compatibles avec un véritable développement, question posée par Nirupam Bajpai, en référence à l'Inde. Ensuite, deux formes d'Ajustements Structurels sont examinées, celle imposée par les organismes financiers internationaux (FMI, Banque Mondiale) et celle provenant de l'insertion inévitable de pays socialistes du Sud dans un univers économique mondialisé. Le premier cas est illustré par une analyse de l'Afrique (Bernard Founou-Tchuigoua) et en particulier de la Zambie (Gilbert Mudenda). Le second par les cas du Vietnam (Do Thai Dong) et de Cuba (Aurelio Alonso Tejada).

I. Les Programmes d'Ajustement Structurel (PAS)

L'objectif des PAS, tels qu'ils sont définis par les organismes financiers internationaux est de rétablir des équilibres macro-économiques internes et externes, permettant de relancer une croissance économique saine et donc de fournir une base solide pour le développement des périphéries (Sud). Selon les protagonistes de ce type de politique, dans ces domaines, il n'y a pas de miracle: seule une production plus efficace peut apporter des remèdes et les moteurs de ce processus sont les producteurs privés individuels ou associatifs.

Les moyens d'obtenir une plus grande efficacité pour que fonctionnent les mécanismes du marché sont, dans une telle perspective, principalement les suivants. Tout d'abord sur un plan structurel, privatiser l'activité économique et déréguler au maximum les échanges, permettant ainsi à la loi

---

1. Les contributions de Bernard FOUNOU-TCHUIGOUA du Forum du Tiers-Monde de Dakar, Aurelio ALONSO TEJADA du Centre d'Etudes sur les Amériques de La Havane et DO THAI DONG de l'Institut de Sociologie du Vietnam, furent présentées à ce séminaire, qui connut aussi des interventions de Mr C. KAZADI, de l'Université de Kisangani, de Mme Wu I-CHUAN, de l'Université Catholique de Louvain, de Mme B. MARQUES-PEREIRA, de l'Université Libre de Bruxelles, de Mr J.-Ph. PEEMANS, de l'Université Catholique de Louvain et de Mr F. HOUTART, directeur du Centre Tricontinental.

de l'offre et de la demande de jouer plus réellement. Logiquement il faut désengager l'Etat dans ce domaine et rectifier les politiques qui avaient prévalu à l'époque qui suivit l'indépendance en Afrique et en Asie et durant les régimes populistes en Amérique latine (l'ère de Bandoung, selon Samir Amin). En effet, l'échec de ces politiques avait été provoqué par une protection et une réglementation déraisonnables et avait abouti à une mauvaise affectation des ressources et à une bureaucratie étatique pléthorique. Le secteur privé doit aussi prendre une part accrue dans la gestion des dépenses de reproduction physique et sociale de la société (sécurité sociale, santé, éducation), introduisant ainsi dans ces domaines, avec la possibilité d'un profit, des valeurs de meilleur fonctionnement et d'efficacité.

A cela s'ajoute sur le plan des échanges extérieurs, l'ouverture des marchés et la priorité aux exportations. Pour sortir de l'impasse créée précédemment par l'endettement, le paiement du service de la dette et d'une partie au moins du principal de cette dernière (renégociée éventuellement) est indispensable afin de rétablir la crédibilité internationale des pays du Sud et de leur permettre d'accéder au crédit public ou privé.

La logique est donc celle du marché, régulateur fondamental de l'activité économique, l'Etat ayant un rôle subsidiaire, de cadre juridique pour le bon fonctionnement de l'économie, d'organisation de services collectifs et d'une redistribution solidaire pour les risques exceptionnels.

D'où la nécessité d'une nouvelle politique, afin de rétablir les conditions économiques du processus de développement. Elle est caractérisée par une double démarche, un plan de stabilisation, confié au FMI et des Programmes d'Ajustement Structurel, en charge de la Banque Mondiale. Selon Bernard Petit, chef de la Division "Programmation" à la Commission de l'Union Européenne, la stabilisation vise à restaurer l'aptitude des pays concernés à poursuivre le service de la dette, mise en péril par l'excès de la demande sur l'offre. Selon cet auteur: " cette politique de contraction de la demande privilégie les instruments de politique monétaire (taux de change, crédit) et budgétaire (compression des dépenses publiques, accroissement des recettes fiscales). Dans cette phase de stabilisation, on ne saurait vraiment parler d'ajustement structurel. La nature très globale des objectifs poursuivis, leur relative rigidité, la brièveté des délais impartis pour les atteindre (un à deux ans), ne permettent pas en effet d'engager une véritable action sur les structures mêmes de l'économie" [B. Petit, 1993, 829-830].

La stabilisation entraînant souvent une diminution de la croissance, il fallait prendre d'autres mesures, ce qui se fit dès le début des années 1980. Toujours selon Bernard Petit: "Conçus pour une durée plus longue (cinq ans), leur objectif est d'adapter les éléments structurels de l'économie aux capacités réelles de cette économie et de rétablir, ce faisant, les conditions nécessaires à la reprise de la croissance. Les réformes entreprises dans le cadre des Programmes d'Ajustement Structurel s'efforcent donc d'aller au-delà de la gestion de la demande, en favorisant un retour à l'équilibre par la stimulation de l'offre ... D'où une politique très *libérale* visant à favoriser le jeu des forces du marché qui, selon les modèles utilisés par le FMI et la BIRD, sont les mieux à même de favoriser un retour à la croissance. L'objectif est dès lors de libéraliser l'économie, de l'ouvrir à l'extérieur, et d'assurer la dérégulation" [B. Petit, 1993, 830-831].

Les pays qui accepteront d'entrer dans cette logique d'ouverture au marché mondial et de libéralisation multilatérale, pourront jouir des programmes multilatéraux et bilatéraux, mais sous la supervision des organismes financiers internationaux, dont les moyens s'élèvent au début des années 1990 entre 12 et 13 milliards d'USD. La condition est de passer par les programmes de stabilisation et d'ajustements.

II. Les effets des Programmes d'Ajustement Structurel dans le Sud

La littérature concernant les effets de ces politiques dans le Sud est considérable. Nous voudrions seulement en indiquer quelques conséquences logiques. Sans doute ne peut-on pas attribuer directement aux PAS, toutes les situations dramatiques des pays du Sud. Les causes sont multiples et ont souvent une longue histoire. Il est cependant assez révélateur de constater la réaction de la Banque Mondiale, par exemple, qui dès la deuxième moitié de la décennie 1980, commence à promouvoir des programmes de lutte contre la pauvreté, prenant conscience du fait que les PAS ne rétablissent que certains équilibres (contrôle de l'inflation par exemple), mais produisent aussi des effets pervers. Il faut cependant noter que pour l'Afrique, même les effets macro-économiques n'ont pas donné les résultats escomptés. Bref, chez un certain nombre, l'optimisme initial est déjà tempéré.

Mais, il y a une réflexion plus profonde à entamer. La vision purement économique des promoteurs des mesures d'ajustement, déjà remise en cause dans certains de ses effets, procède d'un vice de raisonnement qui affecte la pensée libérale dans ses fondements mêmes, depuis le début de son histoire, soit le refus d'analyser le marché en termes de rapports sociaux. En effet, il ne s'agit pas en l'occurence de rapports entre "choses", sinon entre "acteurs sociaux", diversément situés dans le champ économique. La fiction du marché fonctionnant comme un mécanisme régulateur automatique des activités économiques, avec un éventuel décalage temporel, a repris vigueur et malgré les aléas de l'histoire, le mythe a réussi à s'imposer à nouveau, reprenant vitalité dans la foulée de l'écroulement des régimes socialistes de l'Est européen.

Avec la mondialisation de l'économie de marché (voir **Alternatives Sud n° 1**), les rapports sociaux sont aussi mondialisés et les "avantages comparatifs" offerts au capital dans certaines régions du monde sous forme de salaires inférieurs, de sécurité sociale moins complète, d'exigences écologiques moins sévères, débouchent sur des délocalisations des activités de production et de service et sur des pressions sociales considérables sur les groupes les plus vulnérables surtout, là où les travailleurs ne sont pas organisés. Ainsi, aujourd'hui au Nicaragua, des capitaux de Taïwan s'investissent dans des industries textiles situées dans des zones franches, et ils utilisent une main d'oeuvre essentiellement féminine, payée en moyenne 15 centimes USD à l'heure. Ils mènent une politique anti-syndicale farouche et licencient les travailleuses dès qu'elles sont enceintes. Dans un pays qui compte plus de 55% de non-emploi, fruit en grande partie des politiques d'ajustement structurel, le rapport de force est évidemment inégal entre ceux qui peuvent acheter la force de travail en imposant leurs conditions et ceux qui pour survivre, eux et leurs familles, sont prêts à accepter la seule alternative qui s'offre.

Quant au caractère régulateur de l'Etat, dans la mesure où ceux qui le contrôlent voudraient l'excercer (ce qui est loin d'être le cas au Nicaragua, où le gouvernement au pouvoir est complice de ce genre de pratiques), il est doublement affaibli, par le rapport international d'abord et par les effets des PAS ensuite, qui le dépouillent de ses instruments d'intervention éventuelle. Les situations d'exclusion et de pauvreté qui résultent des politiques néo-libérales, ne sont pas des effets pervers, ou des actes à double effet, dont le caractère pénible serait le prix inévitable et temporaire à payer pour un bien de valeur supérieure, mais elles sont le résultat logique du rapport social que construit le marché. Il faut en être conscient pour établir les diagnostics et élaborer des alternatives.

Tant que ce fait ne sera pas reconnu, la controverse restera stérile. Dans son rapport du 13 mars 1994, la Banque Mondiale essaye de répondre aux nombreuses objections émises vis-à-vis de sa politique. Elle affirme que les pays ayant acceptés les mesures les plus drastiques bénéficient des taux de croissance les plus élevés et, que seul le temps n'a pas encore permis d'enrayer la pauvreté dans un grand nombre de cas. Cependant, à propos de l'Amérique latine, le rapport affirme aussi que, malgré un spectaculaire relèvement des indices macro-économiques, la population pauvre du continent est passée de 22 à 32 millions de personnes durant la dernière décennie. En septembre 1993, le FMI dressait lui aussi un bilan globalement positif des réformes entreprises dans 29 pays différents. La conclusion était qu'il faut renforcer encore les programmes en cours.

Certes, personne ne nie la nécessité de mesures de stabilisation et l'intérêt de favoriser les échanges mondiaux.

Mais le fait de les penser exclusivement en termes de mécanismes économiques aboutit à des conséquences sociales très graves, fruit d'une logique qui accrédite implicitement l'idée que le sacrifice d'une génération d'êtres humains est la condition nécessaire et légitime du progrès économique.

Quelques exemples peuvent illustrer cet état de choses. En janvier 1994, la dévaluation de 50% du franc CFA (Communauté Financière Africaine) vis-à-vis du franc français, était qualifiée par Mr Michel Camdessus, directeur général du FMI, de "mesure courageuse, (devant) grandement faciliter le rétablissement de la compétitivité, la reprise de la croissance économique et la solution des difficultés de balance de paiement". Des mesures d'accompagnement ont bien été promises, mais, selon certains observateurs, même si elles deviennent effectives, elles ne pourront pas compenser les effets ravageurs de la dépréciation monétaire notamment, sur les populations urbaines [GRESEA, 1994]. Les premiers remous sociaux se sont déjà fait sentir, avec leur bilan de victimes.

Plus grave encore, le caractère de rapport social entre les économies de ces régions et celles du Nord et qui s'inscrit dans le cadre d'une inégalité entre partenaires, résultat de la logique du marché mondialisé, est totalement ignoré. En effet, les principales causes de la crise africaine sont la chute des prix des produits de base, la dette et le rétrécissement de l'aide extérieure. Pour l'année 1992, la baisse des exportations avoisinait les 14%. La dette publique dépassait les 100% du PIB pour la majorité des pays et le service de cette dernière représentait une moyenne de 50% des recettes d'exportation. Quant à la dévaluation, elle y ajoute une forte baisse du pouvoir d'achat des populations. Bref, le remède ne s'adresse pas aux causes et l'on veut rectifier une situation en fonction même de la logique qui la produit.

L'exemple de la Zambie est longuement analysé dans ce numéro des cahiers. On peut ajouter d'innombrables cas, illustrant chacun des facettes de ces situations. Ainsi, au Ghana, l'accent mis sur les exportations, notamment du cacao, s'est révélé désastreux. Les efforts d'infrastructure ont été concentrés sur cette activité économique. La production alimentaire locale est en diminution. Après 10 ans, la paysannerie a connu une perte sensible de son pouvoir d'achat, alors que l'augmentation du cours du cacao sur le marché mondial en 1994, est en majorité absorbée par la spéculation. Les dépenses publiques en faveur de l'éducation et de la santé diminuent. On assiste à une chute de 50% des affiliations syndicales.

Au Honduras, le président Reina qui annonçait en janvier 1994, un changement de politique en faveur des pauvres, suite aux conséquences dramatiques de l'ajustement structurel poursuivi par son prédécesseur, fut obligé en mai de la même année, à l'occasion de la visite d'une mission des organismes financiers internationaux, de décréter des mesures finalement similaires à celles qu'il avait combattues. En effet, selon les prévisions, le service de la dette absorberait en 1994, 35% du revenu des exportations. Le déficit de la balance des paiements est de 500 millions d'USD. L'inflation n'est pas jugulée. Or, les nouvelles mesures d'austérité affectant notamment les conditions des plus démunis, sont la condition pour recevoir un prêt de la Banque Interaméricaine de Développement, du FMI et de la Banque Mondiale.

En Inde, l'exigence de la suppression progressive des subsides pour les biens de consommation de base a eu des effets immédiats sur les populations pauvres. Les prix alimentaires ont augmenté de 30%, ce qui atteint surtout ceux qui ne vivent pas de salaires, ces derniers ayant été partiellement réajustés. La majoration du coût des produits pétroliers entraîne une surexploitation du bois. La participation scolaire des enfants diminue, car les famille les mettent au travail. Le prix des textiles suit la même voie. Le tissu social se dégrade [Sanjoy Ghose, 1994].

L'UNESCO s'inquiète des conséquences des PAS sur l'éducation. Federico Mayor, le directeur général, écrit en effet: "De plus en plus, les problèmes qu'affrontent les pays en développement dans le secteur de l'éducation - provenant pour une part de politiques de stabilisation et d'ajustement structurel mal conçues - prennent des allures de crise et compromettent les perspectives de récupération économique et de développement national, de même que le bien-être d'une large proportion de la jeunesse" [Fernando Reimers et Luis Tiburcio, 1993].

Ainsi, en Inde, où le néo-libéralisme est devenu l'orientation de base de la politique économique, dès la fin de la décennie des années 80, selon C. Upendranadh, "l'éducation est le secteur où l'Etat peut facilement abdiquer ses responsabilités sans un coût politique et social trop élevé, car il n'existe pas de lobby pour représenter les intérêts des analphabètes, des semi-analphabètes ou des jeunes enfants. La politique nationale d'éducation semble taillée sur mesure pour satisfaire les besoins de la politique économique". En effet, selon le même auteur, au macro-niveau, l'Etat réduit ses dépenses notamment dans le secteur éducatif et, au micro-niveau, la diminution des revenus des plus pauvres a pour effet une restriction de la demande éducative [C. Upendranadh, 1993, 2415-2419].

Un exemple particulièrement révélateur est celui du Nicaragua, où les politiques suivies depuis les élections de 1990, ont appliqué à la lettre les PAS, débouchant sur plus de 260.000 licenciements, sur une détérioration considérable de l'éducation et de la santé, sur l'expansion d'un secteur informel, fruit des stratégies de survie des milieux populaires exclus des activités économiques organisées par le capital privé ou par l'Etat, sur un accroissement inquiétant de la criminalité et sur une polarisation sociale telle, qu'une partie de la bourgeoisie qui bénéficie de la nouvelle situation commence à s'inquiéter des conséquences sociales qu'elle pourrait entraîner. Il faut ajouter que le service de la dette (260 millions d'USD) équivaut à la totalité des revenus des exportations et absorbe 70% de l'aide extérieure.

Le nouveau plan proposé aux pays les plus en difficulté l'ESAF (**Enhanced Structural Adjustment Facilities**), est l'oeuvre du FMI. Son directeur en personne vint au Nicaragua pour promouvoir son application, acceptée par le gouvernement. Selon ce dernier, tout le monde en profitera, la monnaie restera stable, les investissements publics augmenteront, le secteur productif recevra du crédit. En effet, le Nicaragua pourra au cours des trois années à venir accéder à des fonds bilatéraux (Allemagne, Japon, Taïwan) et multilatéraux (Banque Mondiale et Banque Interaméricaine de Développement) s'élevant à 300 millions d'USD. Mais les conditions sont inexorables: poursuivre et accentuer l'application des PAS. Pas de choix pour le gouvernement, qui dans les circonstances actuelles, n'est même pas capable de dégager les crédits nécessaires pour le cycle agricole de 1994. Quant à un processus qui serait démocratique, permettant un débat national entre toutes les couches de la population, pour essayer de trouver des solutions, inutile d'en parler ! [Envio, Nicaragua - Conjuntura, 1994, 3-5].

Pour être sûr que cela fonctionne, le FMI exige la présence d'un fonctionnaire auprès de toutes les institutions nicaraguayennes concernées. L'ouverture du marché local vers l'extérieur sera accentuée, ce qui ne peut que faire augmenter le chômage et accroître les taux d'intérêt. L'Etat devra encore réduire ses dépenses, faire payer plus cher les services éducatifs et de santé, réduire les dépenses de l'enseignement secondaire et supérieur et changer sa politique fiscale. Il ne pourra plus privilégier certains secteurs productifs par le crédit, et devra réduire les taxes à l'importation. Il lui faudra accélérer le processus de privatisation, notamment dans le secteur minier (actuellement en négociation avec des entreprises multinationales d'origine américaine, pour des prix de rachat inférieurs à leur valeur). Il serait trop long de donner la liste des autres mesures concernant l'environnement, l'assistance sociale, la santé, l'éducation, la législation du travail (en faveur de la flexibilité), le droit de grève (à limiter) [Maria Mora Renzi, 1994,27-34]. Bref, le FMI qui pouvait être considéré jusqu'à présent comme le ministre des finances des pays du Sud, s'engage lui-même dans des politiques d'Ajustement Structurel et se substitue à présent au gouvernement lui-même, pour lui imposer un plan, dont selon Xabier Gorostiaga, recteur de l'Université Centroaméricaine de Managua, le coût sera supporté par les plus pauvres et qui pour cette raison ne répond pas aux exigences minimales de l'éthique [Xabier Gorostiaga, 1994].

Si nous avons dans ce numéro inclu deux contributions sur des pays socialistes du Sud, Cuba et le Vietnam, c'est pour bien montrer que les mesures d'ajustement structurel ne sont pas le fruit de personnages maléfiques dont il suffirait de changer les coeurs pour transformer les pratiques, ni d'institutions à la volonté destructrice, mais bien le résultat de logiques fondamentales, qui déroulent leurs conséquences au-delà des intentions explicitement exprimées. En effet, l'ouverture massive au marché dans le cadre du Vietnam, ou dans une phase initiale et mieux contrôlée à Cuba, entraîne des conséquences tout-à-fait semblables à celles que nous avons décrites. Or Cuba est, en vertu de l'embargo américain, exclu de tout accès aux organismes financiers internationaux et donc aussi de leurs conditionalités et le Vietnam commence seulement à entrer dans leurs programmes. Cela prouve donc que les organismes tels que le FMI, la Banque Mondiale, les Banques régionales de Développement et bientôt l'Organisation Mondiale du Commerce (anciennement le GATT), ne sont que les canaux par lesquels une certaine conception économique prend forme et donc aussi une certaine politique et une certaine idéologie.

III. Une analyse des fonctions

Il est temps de s'interroger sur les raisons des contradictions, entre une intention affichée de développement et les polarisations sociales qui en découlent, entre des conditionalités de démocratie et l'intervention d'organismes non élus dans les affaires intérieures des Etats, entre la philosophie de l'économie de marché et de la libre entreprise et les droits les plus fondamentaux des êtres humains: santé, éducation, travail. C'est à cette tâche que s'est entre autres attaché le séminaire de Louvain-la-Neuve et dont Jean-Philippe Peemans, professeur à l'Université Catholique de Louvain, tira les conclusions, que nous synthétisons ci-après.

Le présupposé fondamental est que la croissance économique passe par plus d'insertion dans l'économie mondiale. C'est ce qu'on pourrait appeler pour le Sud, une "modernisation extravertie". Ce n'est évidemment pas une idée nouvelle. Durant les années 1970, le processus passait par le soutien à des régimes forts, voire militaires, capables d'assurer les conditions favorables aux investissements et de garantir ainsi une "modernisation autoritaire", contre une partie des élites locales qui dans l'esprit de Bandoung, avaient voulu développer un projet national basé sur une production de substitution aux produits d'exportation et réaliser des investissements importants dans les infrastructures collectives. Aujourd'hui c'est la démocratie politique qui est associée à l'ouverture au marché. Tout cela indique bien que les stratégies économiques, fruit de la logique de l'accumulation aujourd'hui mondialisée, sont inévitablement associées à des stratégies politiques, y compris militaires et mêmes culturelles ou idéologiques.

Le néo-libéralisme prôné d'abord dans les pays anglo-saxons du Nord au début des années 1980, s'est rapidement imposé à l'ensemble du système économique mondial, sous la forme d'un multi-impérialisme vis-à-vis du Sud, intégrant le problème de la dette et s'appliquant de manière différentielle, selon la flexibilité des Etats. Les mesures les plus dures sont réservées à ceux qui essayent de maintenir une position nationaliste et populaire et qui paient de leur isolement, l'appui qu'ils avaient reçu de l'Est. Le cas le plus parlant est celui de Cuba.

L'idée de base est que l'Etat-Nation n'est plus le gestionnaire de la croissance ou le régulateur de l'accumulation. Il doit se mettre au service de l'émergence, si possible à l'intérieur de sa propre juridiction, d'un ou de plusieurs pôles performants dans le cadre de l'accumulation transnationalisée. Cela s'applique d'ailleurs au Nord, comme au Sud. Or, les PAS sont en cohérence avec un tel projet. Privatiser conduit à concentrer les ressources en fonction de la performance des pôles. Minimiser la redistribution sociale et les dépenses de l'Etat non-fonctionnelles par rapport à la loi de la concurrence, appartient à la même logique. Or, à cette dernière correspondent la marginalisation et l'exclusion. Il faut en effet réduire la redistribution qui avait légitimé la croissance régulée des années 1950 et 1960.

Parallèlement, du point de vue socio-politique, on assiste à l'émergence de nouveaux groupes sociaux, au Nord comme au Sud et progressivement à l'Est, qui sont soit les gestionnaires de ces pôles performants, soit les candidats à leur gestion ou à leur mise en oeuvre et qui commencent à concevoir l'économie en fonction de cette logique. On peut commencer à parler d'un réseau de pouvoir transnationalisé. C'est le Nord qui en est le coeur de manière écrasante, mais il a des composantes au Sud et à l'Est.

Toutes les tranches sociales qui veulent se lier à cette nouvelle forme d'économie et qui se présentent comme capables de la gérer, sont concurrentes entre elles au niveau mondial, mais elles ont un accord fondamental et doivent se soutenir mutuellement, pour empêcher que se maintiennent des formes alternatives de gestion des ressources naturelles et économiques.

L'ajustement sert, dans les pays du Sud, à recomposer l'espace socio-économique autour de ces couches, c'est-à-dire à éliminer ce qui reste des groupes qui partageaient une vision populiste ou socialiste, qui prônaient une gestion redistributive, qui voulaient un projet à la fois national et social et qui furent éliminés politiquement dans les années 80.

Dans ce nouveau paysage socio-politique, se diffuse une idéologie commune. Il s'agit d'une vision néo-modernisante, où l'international s'impose au national et l'entreprise privée à l'Etat. Il n'y a plus de redistribution et le seul acteur de développement est l'entreprise privée compétitive du point de vue international en fonction de laquelle tout doit se réordonner.

On assiste à une institutionalisation progressive des réseaux de pouvoirs transnationalisés. Ainsi, ils se garantissent mutuellement la sécurité contre les menaces internes en provenance des mouvements populaires nouveaux liés aux conséquences désastreuses de la mondialisation et de l'ajustement et qui prennent des formes très différentes, allant du mouvement ethnique ou du mouvement religieux, à des formulations politiques plus nettes.

A la fin des années 1980 se produit un fait nouveau, accéléré par l'évolution des ex-pays socialistes. Le réseau de pouvoirs transnationalisés abolit les frontières des droits d'intervention, notamment pour aider à résoudre les tensions internes et réprimer les mouvements qui menacent l'émergence du nouvel ordre international. D'où le passage progressif d'un multilatéralisme économique à un multilatéralisme militaire, dont le Conseil de Sécurité des Nations Unies devint le principal gestionnaire. C'est ce réseau de pouvoirs qui dit souverainement ce qu'est le Droit International, qui attribue ou non les brevets de démocratie, qui reconnaît ou non les bons élèves du passage à l'économie de marché, qui décide ceux qu'il faut aider ou ceux qu'il faut réprimer.

Le concept de démocratie entre en lice et il est frappant de constater l'exaltation qui caractérise le langage, quand il est associé à l'économie de marché. Il s'agit donc d'une démocratisation fonctionnelle par rapport au marché. C'est l'Etat "ajusté" qu'il faut démocratiser, dont les pouvoirs économiques et d'initiative dans le développement sont considérablement réduits, pour laisser le champ libre aux pôles performants.

Il en est de même du terme de "société civile" tellement présent dans le discours néo-modernisateur et associé aux formes correspondant aux intérêts des nouvelles classes moyennes gestionnaires. Quant au pluralisme politique, il se construit à l'intérieur du pré-carré des partisans de l'économie de marché, avec quelques variantes, mais sans proposer d'alternative à l'accumulation transnationale qui prédomine aujourd'hui et qui unit dans une logique implacable la croissance et l'inégalité.

Nous rencontrons ici le grand débat entre les deux logiques, celle des forces productives et celle des rapports sociaux. La première met en avant la capacité de mise en oeuvre, de manière rationnelle, de la science et de la technique au service de la production sans prendre en compte les rapports sociaux impliqués par le processus productif. La seconde, au contraire, privilégie la transformation de ces rapports en fonction de modalités qui peuvent être différentes selon les cas. Les moyens de la réaliser sont entre autres la démocratie locale, les associations de producteurs, la satisfaction des besoins de base comme but prioritaire, la création du bien-être sans exclusion, l'auto-évolution culturelle sans brutale destruction des valeurs, bref, la création d'un pouvoir populaire réel, sans un rapport contraignant de dépendance vis-à-vis des intérêts des classes sociales contrôlant l'économie ou d'une bureaucratie qui s'est approprié l'Etat. C'est cette dernière tendance qui a permis si facilement dans certains pays ex-socialistes, la transformation des cadres du parti en une nouvelle *bourgeoisie rouge*.

C'est donc la logique des forces productives qui a pris le dessus et probablement pour longtemps encore, malgré ses contradictions. La population mondiale passera de quelques cinq milliards à huit ou neuf d'ici la moitié du siècle prochain, ce qui signifie une force de travail potentielle considérable. Il y aura toujours dans le monde un espace disponible créateur d'avantages comparatifs, même si les salaires augmentent dans les pôles performants. La logique d'accumulation centrée sur ces derniers est de nature structurelle. En effet, les capacités du progrès technologique dépassent les capacités d'absorbtion, parce que les conditions sociales de cette dernière ne sont pas créées et l'offre est donc supérieure à la demande. On ne pourra, à l'échelle mondiale recréer les conditions de l'Europe occidentale de l'après-guerre, c'est-à-dire un plein emploi avec partage de la valeur ajoutée suivant un pacte social. D'une part, la pression sociale organisée au niveau transnationalisé est négligeable et de l'autre, il n'existe pas encore d'Etat-régulateur à l'échelle mondiale.

IV. Les alternatives

Quelles sont alors les alternatives? Ou sommes-nous condamnés à vivre dans un monde d'exclusion et d'injustices? Allons-nous pendant longtemps encore être les spectateurs impuissants d'une polarisation mortifère, d'une économie qui tue plus qu'elle n'assure une base de subsistance, d'une culture modernisée qui enlève à l'être humain collectif le sens d'une solidarité effective?

Certes, il n'est pas facile de trouver des solutions, mais l'imagination socio-économique, en liaison avec les situations du Sud et alimentée par une pensée théorique qui dépasse les frontières, trace déjà un certain nombre de lignes. Il n'existe pas d'impossibilité technologique de créer une qualité de vie pour l'ensemble des êtres humains, les progrès allant dans le sens d'une grande flexibilité des technologies. C'est la toile de fond des institutions mises en place par le réseau transnational du pouvoir qui constitue les blocages.

Pour en sortir, il est nécessaire de fixer des objectifs, à la fois généraux et réalisables et de trouver progressivement les moyens d'engager une transition. Ce qu'il s'agit d'accomplir, c'est une démocratie économique et sociale effective, c'est-à-dire le contrôle sur les conditions de la vie économique et de l'organisation sociale. C'est là l'enjeu des luttes contemporaines. L'utopie en tant qu'objectif à poursuivre, est de réenclaver l'économie et de la soumettre à la logique du bien-être de l'homme, plutôt que de réduire ce dernier à n'être qu'un facteur de production soumis aux lois du marché. Il y a pour cela divers niveaux d'action.

1. Le niveau local

Tout d'abord, il ne s'agit pas seulement de rendre une vie nouvelle à l'Etat-Nation et de promouvoir une accumulation nationale, mais aussi de revitaliser un niveau politique plus local et où la participation est plus visible. Les mouvements sociaux dont on parle beaucoup aujourd'hui sont certes incapables de conquérir l'Etat-Nation, mais ils peuvent contribuer à reconstruire le politique au niveau du vécu des populations.

C'est l'accumulation transnationalisée qui oblige à prendre en considération la "territorialité" comme enjeu de reconstruction du pouvoir et comme base de la mise en plan des institutions susceptibles d'entraîner la reconquête du développement sur l'hégémonie de la sphère d'accumulation. Ainsi, les institutions du pouvoir local pourraient consolider, à travers des formes de planification décentralisée, un secteur d'économie sociale, qui serait tout autre chose que le secteur informel, considéré selon la philosophie de la Banque Mondiale, comme le dernier échelon des pôles performants (la petite ouvrière infatigable travaillant 80 heures/semaine à domicile et pour l'exportation). Il s'agit, au contraire, de consolider les associations, les coopératives et de créer un cadre social à la diffusion d'un progrès technique adapté à ce cadre.

2. Le niveau national

Pas question évidemment de croire que tout se résoudra à la micro-dimension, ni qu'il faille attendre que les contradictions de l'accumulation mondiale s'additionnent sur le plan écologique, de la concurrence meurtrière entre les pôles, de la surproduction et des conflits régionaux, pour produire l'écroulement du système. Tout d'abord, l'autonomie nationale a aussi sa place. Ainsi, selon Bernard Founou, qui lui aussi tira des conclusions du séminaire de Louvain-la-Neuve, "il s'agit de reconstruire un Etat fort, la force étant fondée non pas sur la capacité de répression, mais sur sa compétence et sur l'excellence de ses relations avec la société civile. La démocratisation de l'activité politique et économique va alors de pair avec le choix d'une économie autonome en particulier au niveau agro-alimentaire. Une révolution agro-paysanne fondée sur la priorité à la sécurité alimentaire est nécessaire. L'autonomie paysanne indissociable d'une croissance agricole durable et soutenue par une industrialisation appropriée est un véritable test synthétique dans cette option.

Quant à l'autonomie nationale elle suppose des déficits des finances publiques et de la balance des paiements gérables et donc un taux d'épargne élevé. Les mesures d'austérité et de programmation (étalage dans le temps et l'espace) de la satisfaction des besoins sociaux, ne seront acceptés dans ce cadre que si l'approfondissement de la démocratie est constamment à l'ordre du jour. C'est alors seulement que le marché comme technique interviendra dans la détermination des prix et de l'allocation des ressources sans remettre en question les options fondamentales. Son efficacité sera donc dépendante en dernier ressort des logiques de l'équité, de l'intégration sociale, du plein emploi, de la démocratie et du développement durable. C'est ce qui donne un sens aux effets complémentaires de la volonté collective exprimée par l'Etat et de la logique économique qu'exprime le marché".

Dans ce sens, comme le dit Marcos Arruda, responsable du groupe de travail des ONGs sur la Banque Mondiale, "le processus alternatif d'ajustement serait une réponse aux besoins du développement humain local et national, plutôt que l'imposition d'une série uniforme de politiques macro-économiques à l'échelle mondiale. Il tenterait à restructurer l'économie domestique par le biais de politiques d'investissements et de crédit ayant pour but de renforcer l'industrie, l'agriculture et les services locaux, à améliorer l'infrastructure et à consolider le marché domestique de consommation de masse. Il promouvrait des mesures adéquates en faveur de l'emploi et des revenus, afin de réaliser une rapide redistribution des revenus. L'aide serait progressivement remplacée par des investissements participatifs". Sur une telle base, toujours selon le même auteur, des politiques sectorielles pourraient être menées, dans le domaine fiscal, celui des services collectifs et du crédit, des privatisations et des prix, de la législation sociale et des investissements extérieurs. [Marcos Arruda, 1994].

Certes ne s'agit-il pas de revenir aux erreurs du passé en faisant de l'Etat l'unique acteur collectif, jusqu'à la définition d'une doctrine (ou d'une religion) ayant le monopole de la légitimité. Il ne faut pas oublier non plus les lourdeurs réelles de toute bureaucratie, privée ou étatique, qui s'infiltrent dans l'ensemble des activités sociales, lorsqu'il n'y a pas de véritable contrôle démocratique. Mais de là à enlever à l'Etat son caractère régulateur, à un moment où la mondialisation de l'économie, sous forme d'accumulation capitaliste, bouscule toute forme de régulation et exigerait au contraire un niveau supérieur de cette dernière, il y a un pas à ne pas franchir.

3. Les regroupements régionaux

Comme ce fut signalé déjà dans le premier numéro d'**Alternatives Sud**, la constitution de marchés régionaux, avec leurs appareils juridiques et leurs politiques sociales, peuvent aussi constituer des stratégies alternatives à la mondialisation telle qu'elle est conçue aujourd'hui. Jusqu'à présent la plupart des initiatives dans ce domaine ont consisté à assurer une meilleure insertion dans ce type de mondialisation, donc à renforcer la logique d'accumulation existante. Le cas de l'ALENA, impliquant les Etats-Unis, le

Canada et le Mexique, en est un exemple. Mais il pourrait en être autrement et des regroupements régionaux, en Afrique, par exemple, pourraient servir de base à une défense d'Etats moins puissants, au service d'un projet auto-centré et contrôlé démocratiquement. Les cahiers **Alternatives Sud**, se proposent d'aborder ce sujet dans l'avenir.

4. Le plan mondial

Enfin, au-delà des plans locaux et nationaux, des initiatives devront aussi être prises concernant les organisations internationales, notamment les Nations Unies et les organisations financières nées des accords de Bretton Woods. Leur démocratisation et le changement de leurs objectifs sont des enjeux à court et moyen terme, qui font déjà l'objet de propositions, notamment de la part de certains pays du Sud.

Ces pistes d'alternatives peuvent paraître très générales et ressembler parfois à des voeux pieux, étant donné la constellation des forces en présence. Mais elles peuvent se traduire en politiques très concrètes, dont les embryons existent déjà. Il est bon à cet effet d'écouter la voix des penseurs et des chercheurs du Sud, les plus avides à trouver des solutions.

* * *

Bibliographie

1993 - Bernard PETIT, L'Ajustement Structurel et la Position de la Communauté Européenne, **Revue Tiers-Monde**, T. XXXIV, n° 136 (oct.-déc.).

- Fernando REIMERS et Luis TIBURCIO, **Education, Ajustement et Options de Reconstruction pour un Changement**, (préface de Federico Mayor), Paris, UNESCO.
- C.UPENDRANADH, Structural Adjustment and Education - Issues related to Equity, **Economic and Political Weekly**, (30 octobre).

1994 - Marcos ARRUDA, Stop Squeezing the Economy: an alternative approach to Structural Adjustment, **The Bulletin**, (Centre for our Common Future, Geneva), March.

- Dévaluation du Franc de la Communauté Financière Africaine - CFA, **Gresea**, n° 1, (mars).
- Sanjoy GHOSE, The Effect of Structural Adjustment Policies on Women in India, **Echoes**, n° 5.
- Jabier GOROSTIAGA, El ESAF y sus repercusiones en Nicaragua, Note, UCA, Managua.
- Nicaragua: se abre el telón: cuatro escenarios posibles, **Envío**, Managua, XIII, n° 148 (mai).
- Maria Rosa RENZI, ¿Qué es el ESAF?, **El Observador Económico**, Managua, n° 29 (mai).

Alternatives Sud, Vol. I (1994) 2, pp. 31-52

STABILISATION ET AJUSTEMENT STRUCTUREL
Peut-on poursuivre les deux de manière simultanée?*

Nirupam Bajpai

Les pays en voie de développement ont entrepris des politiques d'ajustement structurel dans un contexte de grande instabilité macro-économique. Bien que la plupart des discussions concernant les réformes économiques considèrent la croissance comme le produit à peu près garanti des politiques d'ajustement et de stabilisation adéquates, cet article va au contraire soutenir la thèse selon laquelle des tentatives, simultanées, de stabilisation et de libéralisation économique ne peuvent conduire ni à une plus grande stabilité macro-économique, ni à la restauration d'une croissance durable. En réalité, il apparaît que l'objectif même de la première de ces politiques va entrer en conflit avec celui de la remise en route du mécanisme de croissance économique.

En fonction de cela, on peut affirmer que des économies différentes possédant leurs propres rapports institutionnels ainsi que des chaînes de causalité différenciées au sein de leurs systèmes économiques exigent dès lors des approches particulières des mécanismes de stabilisation et de réforme structurelle. Une analyse au cas par cas est de fait nécessaire, et ceci sans qu'aucune priorité ne soit systématiquement accordée en faveur des politiques de libéralisation.

I. Introduction

Les changements actuels en matière de politique économique introduits en Inde font parties du *Programme de réforme*, c'est-à-dire de l'ensemble des mesures concernant le couple stabilisation/ajustement structurel, et dont le financement est assuré par le Fonds Monétaire International (FMI) et par la Banque Mondiale.

---

* Article paru dans **Economic and Political Weekly**, Bombay, Inde, mai 1993.

C'est une politique de dévaluation de la roupie qui a, traditionnellement, inauguré, en juillet 1991, le mécanisme de réforme du système économique indien. Cette mesure a été rapidement suivie par d'autres, censées réduire le déficit fiscal du pays comme, par exemple, un désinvestissement dans le secteur public, la réduction des subsides pour les engrais, l'arrêt des aides à l'exportation, etc. Parallèlement à cela, une série de mesures d'ajustement structurel a ensuite été introduite. Toutefois, il n'entre pas dans l'objectif de cet article d'analyser en détail ce programme de réforme.

Depuis ces dernières années, un consensus semble en fait avoir été trouvé en ce qui concerne l'applicabilité et l'utilité d'un tel programme. Celui-ci, tel que proposé, était supposé se concentrer, dans un premier temps, sur la stabilisation, et ce principalement au moyen de politiques de modération fiscale et de dévaluation de la monnaie nationale. Après avoir stabilisé l'environnement macro-économique, l'accent devait alors être réorienté vers l'objectif même de l'ajustement structurel par l'application de différentes réformes micro-économiques et institutionnelles, dans le but de supprimer l'inefficacité et d'assurer un taux de croissance adéquat.

Le programme d'ajustement structurel demande en fait aux pays d'entreprendre différentes mesures. Il s'agit, tout d'abord, de libéraliser le commerce, c'est-à-dire supprimer les quotas d'importation, diminuer les tarifs douaniers et augmenter les politiques d'incitation ainsi que le support institutionnel à l'exportation. Ensuite, il consiste à essayer de mobiliser de manière effective les ressources disponibles par une réforme budgétaire, des impôts et d'une politique des taux d'intérêts, en renforcant la gestion de l'emprunt extérieur et en accroissant les performances financières des entreprises publiques. En troisième lieu, il faut assurer une utilisation efficace des ressources en corrigeant les prix agricoles et des produits énergétiques, en révisant le système de subsidiation de l'industrie, en réduisant ou éliminant les subsides aux intrants agricoles et en dissolvant ou diminuant les pouvoirs des organes de marketing public. Enfin, il faut également entreprendre des réformes de type institutionnel, c'est-à-dire renforcer la capacité de formulation et de réalisation des programmes d'investissement public, augmenter l'efficacité des entreprises publiques et améliorer l'aide aux industries et autres sous-secteurs [Mosley 1987].

En simplifiant, la Banque et le Fonds veulent donc que les prix payés aux producteurs agricoles, et spécialement à ceux qui produisent pour l'exportation, soient augmentés, de manière à les inciter à produire pour le marché. Ils veulent également que les performances financières des entreprises publiques soient améliorées à la fois par une réorientation des ressources et par la création de nouvelles capacités de maintenance du capital fixe déjà existant, voire par un mécanisme de privatisation plus franc. Enfin, la politique commerciale doit être plus axée vers les marchés extérieurs, grâce à la suppression des contrôles d'échanges et du commerce, ainsi que par la réduction de la protection existant en matière d'importation. Le *fil rouge* de cet ensemble de mesures est, bien évidemment, de réduire le degré de contrôle de l'Etat sur l'économie.

Alors qu'une controverse persiste toujours quant à certains aspects de ce programme - par exemple, en ce qui concerne l'importance relative de la libéralisation du commerce, l'urgence de réformes financières ou encore les différents aspects de la distribution - celui-ci donne malgré tout l'impression d'être largement acceptable dans ses grandes lignes. Il est en tout cas clairement illustratif de l'orthodoxie prévalant au sein de la Banque Mondiale et du FMI. Alors que ce dernier s 'est consacré depuis son origine, en 1945, à la mise en route de politiques de réforme des systèmes économiques, les prêts au titre de l'ajustement structurel (PAS) de la Banque Mondiale n'ont, eux, été introduits qu'au début des années 1980. L'attribution de fonds via ces programmes a d'ailleurs toujours été conditionnelle à l'élaboration d'une série d'actions spécifiques acceptée par le gouvernement de manière à accroître, ou simplement sauvegarder, ses rentrées en devises étrangères.

II. L'absence de support théorique

Alors que l'ajustement structurel consiste en un processus multiforme, la pratique habituelle de la Banque Mondiale et du FMI est de se focaliser sur le rôle de la libéralisation économique ou, en d'autres termes, sur une réforme orientée vers le marché. Cette insistance en faveur de la libéralisation de l'économie s'appuie sur l'argument selon lequel la capacité allocative peut être améliorée par la suppression des contrôles au niveau du marché des capitaux, du crédit et du change. L'élimination des distorsions au niveau des prix doit en fait relancer l'efficacité économique grâce à une réponse comportementale plus appropriée des acteurs concernés.

Cette vision orthodoxe que l'on peut d'ailleurs qualifier de *néo-classique* ou *monétariste* et qui insiste particulièrement sur cette libéralisation de l'économie, ne constitue pas, selon moi, l'approche la plus adéquate. En effet, supprimer les distorsions au niveau des prix va provoquer en réponse une réorientation définitive de l'allocation des ressources vers les secteurs les plus productifs au niveau des prix pratiqués sur le marché mondial [Krugman, 1989]. Une telle réallocation pourrait peut-être expliquer un gain ponctuel, mais en aucune façon un processus de croissance continue. Par contre, elle ne peut expliquer pourquoi l'utilisation efficace des ressources au sein de ces secteurs devrait continuer à croître.

Hjalmarsson (1991) et l'UNCTAD (1991) montrent comment le fait que libéralisation et croissance soient des variables indépendantes, peut être analysé par le biais de deux concepts distincts que sont l'efficacité allocative et l'efficacité productive. Cette dernière n'est en aucune manière garantie par la mise en place de la première. Il existe en effet de nombreux autres facteurs qui peuvent affecter l'efficacité productive comme, par exemple, les structures du marché et du capital, les allocations des ressources en provenance des changements technologiques ou des goûts, la taille de l'économie concernée ou encore l'accès aux flux de capitaux et aux marchés extérieurs, déterminé par des critères géopolitiques.

En conséquence, il est donc vrai que des augmentations du PNB peuvent être enregistrées tant que dure une réallocation ponctuelle des facteurs productifs, mais il est incorrect de prétendre que la libéralisation permet d'influencer à la hausse le taux de croissance à moyen ou à long terme. On trouve pourtant, actuellement, quantité de littérature prônant une libéralisation sans limite, comme susceptible d'atteindre et, plus encore, de maintenir de hauts niveaux de croissance économique. Mais, et malgré ce que ces pratiques très courantes pourraient nous faire penser, la théorie économique reste, elle, généralement silencieuse quant aux effets réels de cette politique de libéralisation sur le taux de croissance d'une économie.

Il est donc primordial, dans cette optique, de pouvoir distinguer entre, par exemple, une augmentation annuelle du PNB de 2%, et une augmentation permanante de 2% du taux de croissance de ce même PNB. La théorie économique, dans le cas d'une politique de libéralisation, ne s'intéresse qu'au premier de ces deux scénarios. Mais la différence concrète entre les deux est qu'une économie ayant un taux de croissance de 4% par an aura, selon le scénario (b), un PNB plus important d'un cinquième, au bout d'une décennie, que selon le scénario (a) [Lucas, 1989]. Personne évidemment ne niera qu'il faille éliminer les inefficacités, mais les plus connues sont des effets de niveau et non des effets de croissance. Puisqu'on manque d'un support théorique qui permette d'établir un lien entre la libéralisation de l'économie et l'apparition d'un taux de croissance élevé (à moyen et à long terme), les relations entre les objectifs à atteindre et les instruments proposés par ces programmes d'ajustement semblent plutôt faibles.

III. La stabilisation avant les réformes structurelles

Bien que la Banque Mondiale et le Fonds Monétaire International insistent sur l'importance de faire précéder les réformes de type structurel par un processus de stabilisation macro-économique, dans la réalité ces deux séries de mesures sont généralement appliquées de manière simultanée.

L'expérience de nombreux pays ayant accepté le programme de réforme concocté par le FMI nous montre d'ailleurs qu'appliquer une politique de stabilisation macro-économique sur base de principes monétaristes à court terme est en fait irréalisable. La raison principale en est que rendre le budget de l'Etat *viable* est aujourd'hui quelque chose de particulièrement difficile. Le tableau 1 donne une idée de l'impact réel des programmes de stabilisation. Ainsi, en Afrique subsaharienne par exemple, le ratio du déficit budgétaire par rapport au PIB est passé de 6.5% avant le programme à 7.5% ensuite. De la même manière, ce ratio a augmenté de 4.2 à 7% pour l'ensemble des pays fortement endettés.

La stabilisation telle que conçue par le Fonds néglige en effet des facteurs macro-économiques pourtant cruciaux comme le lien entre les contraintes fiscales et les taux de change, la fragilité financière ainsi que les dynamiques des processus d'inflation. Et même si les déficits des comptes courants ont bien été réduits par l'introduction de profondes coupures dans les investissements de l'Etat, ceci ne constitue pourtant, à mon sens, ni un indicateur de stabilité macro-économique, ni une solution durable.

Le ratio investissements/PIB de l'Afrique subsaharienne est ainsi tombé de 20.6% avant la mise en fonction des programmes à 17.1% ensuite. Dans le cas des pays les plus endettés, ce ratio est passé de 23.1% à 17.9%. Dès lors, appliquer des politiques de réforme structurelle en ayant pour toile de fond une instabilité macro-économique risque donc encore d'aggraver le problème pour le futur, et rendre les tentatives de refinancement du déficit public par des moyens non-inflationistes d'autant plus difficiles à réaliser [Bajpai, 1992].

Les acquis traditionnels du mécanisme de libéralisation économique sont alors freinés, pour ne pas dire anéantis, par les conditions d'instabilité macro-économique caractérisées par des taux d'inflation élevés et mouvants d'un côté, et par des crises fiscales et de la balance des paiements de l'autre. La réforme du commerce, par exemple, doit normalement aider à réduire les distorsions existant au niveau de la structure des prix relatifs en orientant les ressources disponibles vers les secteurs les plus à même à les utiliser d'une manière efficace, mais l'effet désiré ne se produit pas, l'instabilité macro-économique interférant dans les deux domaines.

Tableau 1:

Indicateurs macro-économiques dans 30 pays appliquant les plans d'ajustement structurel
(en pourcentage)

	Bas revenus	Moyens revenus	Afrique subsaharienne	Pays fortement endettés	Exportateurs industriels
Déficit budgétaire					
* avant	7.6	6.0	6.5	4.2	4.4
* après	7.6	5.7	7.5	7.0	3.4
Comptes courants /PIB					
* avant	-9.0	-7.2	-9.4	-6.9	-5.0
* après	-7.0	-4.5	-6.5	-3.7	-2.6
Investis-sements /PIB					
* avant	19.2	24.7	20.6	23.1	25.0
* après	18.1	19.2	17.1	17.9	22.0

Notes: "Avant" et "après" font référence aux 3 années précédant et suivant le premier prêt d'ajustement de la Banque Mondiale reçu par ces pays.

Source: Rapport sur l'Ajustement de la Banque Mondiale, 1988

Des taux d'inflation élevés et variables servent, en ce qui concerne les prix, à confondre les signaux en rendant difficile de distinguer les changements des prix relatifs des mouvements de variation des prix. De la même manière, un ralentissement dans l'activité domestique rend les changements structurels encore plus douloureux par l'exacerbation du phénomène du non-emploi lié à cette transition. Quant au point de vue de la *durabilité*, la libéralisation du commerce peut mener à une instabilité macro-économique encore plus importante. En effet, la suppression des quotas d'importation combinée à des réductions significatives des taux tarifaires va dès lors considérablement accroître les importations, et ce à un moment où la stabilisation de l'économie nécessite au contraire leur diminution.

IV. Des objectifs conflictuels

La multiplicité des objectifs des programmes d'ajustement structurel a fréquemment conduit à des conflits. Par ailleurs, des contradictions explicites entre des objectifs conflictuels et le degré de complémentarité entre les autres, n'est pas clairement établi [Bajpai, 1990]. Ainsi en est-il, par exemple, de la libéralisation du commerce par rapport à la réduction du déficit de la balance des paiements et la réduction du déficit budgétaire; de la privatisation par rapport à la libéralisation des taux de change et à l'augmentation de la taxe sur le revenu; de la diminution, voire la suppression des subsides par rapport à une meilleure distribution des revenus; de la dévaluation face à la réduction de l'inflation ou à l'expansion de la production.

La libéralisation du commerce constitue une des mesures les plus caractéristiques de nombre d'opérations effectuées dans le cadre des prêts au titre de l'ajustement structurel[1].

---

[1]. Réforme de la politique commerciale dans certains certains pays en développement: Bolivie: le régime commercial est réformé en 1985 et les restrictions quantitatives sont éliminées. Deux tarifs de base existent, 100% pour les biens de capital et 17% pour les autres. Brésil: une réforme majeure du commerce annoncée en mars 1990 en tant que partie du Programme de Stabilisation du Président Collor. Presque toutes les restrictions quantitatives sont abolies et remplacées par une tarification. Un taux moyen de 20% est prévu pour 1994. Jamaïque: les restrictions quantitatives sont éliminées et les taux tarifaires compris entre 20 et 30% selon les produits. Pérou: toutes les restrictions sont éliminées et le système ../..

Dans ces cas, la Banque Mondiale a appelé à l'élimination des restrictions quantitatives et à la diminution des taux tarifaires. La libéralisation du commerce entre donc en contradiction avec l'objectif de réduction du déficit de la balance des paiements ainsi que du déficit budgétaire. Une réduction des tarifs douaniers provoque d'ailleurs aussi une diminution des revenus de l'Etat, en même temps qu'elle augmente la facture des importations. Ce qui, naturellement, engendre un accroissement tant du déficit de la balance des paiements que du déficit budgétaire global, d'où le conflit.

Parallèlement, l'objectif de la privatisation s'oppose donc à ceux de la libéralisation des taux d'intérêts et de l'accroissement du produit des impôts. Ces derniers réduisent en effet les investissements privés et sont dès lors sujets au conflit qui peut en découler. Des réformes en matière de politique des taux d'intérêts peuvent alors limiter le taux d'investissement, particulièrement à court terme, tout comme un accroissement des revenus issus des taxes peut, de la même manière, réduire les fonds potentiels d'investissement, ruinant du même coup les objectifs liés à la politique de privatisation.

Une optique largement répandue en matière de mesures politiques définies par les aspects financiers des prêt au titre de l'ajustement structurel résulte en une réduction, voire une élimination pure et simple des subsides alimentaires ou de certains intrants agricoles. Cependant, réduire ou éliminer de tels subsides entraîne également des effets directs au niveau de la politique de redistribution des revenus. L'abolition des subsides pour les biens alimentaires ou les engrais provoque en effet une augmentation des prix et donc réduit d'autant le revenu réel.

Une des conséquences de cette mesure consiste dès lors en une redistribution des revenus encore plus inégale. On

---

../.. tarifaire est simplifié en 3 taux majeurs: 10%, 25% et 50%. En mars 1991, le taux le plus élevé était réduit à 25%. Pologne: le commerce extérieur est démonopolisé. Toutes les restrictions quantitatives sur les importations, de même que les licences d'importation sont abolies au début de 1990. La moyenne tarifaire est de 13-14%.

peut limiter les programmes de substitution, dans la mesure où les devises étrangères sont disponibles ou si l'Etat intervient activement pour réorienter les disponibilités alimentaires, en fournissant des intrants pour l'agriculture. Mais, d'un autre côté, les systèmes de subsidiation des biens alimentaires sont politiquement attrayants et difficiles à démenteler une fois en place. En outre, un autre problème concernant les marchés de biens alimentaires consiste également en leur effet inflatoire potentiel. La nourriture représente en effet une partie majeure des achats du *panier de la ménagère* et des augmentations de prix des produits agricoles vont alors réduire les salaires réels et enclencher un mécanisme de hausse des prix des produits non-agricoles.

Enfin, la dévaluation de la monnaie nationale semble aussi entrer en conflit avec les objectifs d'augmentation de la production. Bruno (1979), Krugman (1989) et Taylor (1978) affirment en effet qu'une mesure de dévaluation entraîne en réalité un mécanisme général de contraction, et non d'expansion. Taylor a ainsi défini un certain nombre de ces mécanismes particuliers par lesquels une mesure de dévaluation peut affecter de manière négative la production. Depuis que les pays du Sud doivent importer à une large échelle des biens de capital et que la plupart des firmes nationales ne peuvent compter que sur les banques pour leurs besoins en capitaux (la disponibilité en capital étant sujette à certaines limites), une dévaluation soudaine va accroître tant leurs coûts d'importation que le besoin en capital circulant. Dans ces circonstances, l'entrepreneur n'aura d'autre choix que de s'adresser au marché parallèle. Une montée en flèche de cette demande financière va de fait entraîner une augmentation similaire des taux d'intérêts pratiqués dans ce secteur financier informel, les coûts d'importation et d'accès au capital en hausse obligeant alors les firmes à diminuer leur production.

L'impact négatif de ces hausses de coût des intrants importés va donc peser fortement sur les stimuli de production des biens produits localement et commercialisés, mais ayant alors des prix relatifs plus élevés. Le délai avant l'apparition des effets positifs de la dévaluation va donc, à court terme, privilégier l'incidence négative due aux coûts d'importation plus élevés pour les agrégats nécessaires à la production locale.

V. Dévaluation et politique des taux de change

Les programmes d'ajustement encouragés par le Fonds Monétaire International témoignent du fait que le mécanisme de la dévaluation est de plus en plus utilisé en tant qu'instrument de stabilisation. La vision *orthodoxe* soutient d'ailleurs que la dévaluation joue un rôle positif et important dans la stabilisation de la balance des paiements [Dornbush, 1988]. Celle-ci serait obtenue via les effets de cette dévaluation dans la réorientation des dépenses et grâce aussi à l'accroissement de la production commerciale qui en découlerait.

Cependant, le rôle joué, en matière d'ajustement économique, par la politique des taux de change, est devenu, au fil du temps, un sujet de débat majeur. Par exemple, alors que l'optique classique du Fonds et de la Banque est que la dévaluation est source d'expansion et essentielle pour maintenir un taux de change compétitif, l'école *structuraliste* considère pour sa part qu'elle va plutôt provoquer un effet de contraction. A court terme, les coûts intermédiaires des importations vont grimper à cause de la dévaluation, de même par conséquent que les prix des biens produits. Les salaires réels vont se voir amputés par les prix plus élevés et le pouvoir d'achat du pays va se réduire du fait du dépassement par les frais inhérents aux importations, des revenus engendrés par les exportations.

La coordination de mesures de dévaluation et d'autres politiques reste également problématique tant dans le contexte de la stabilisation que dans celui de l'ajustement. Dans une optique anti-inflatoire, les taux de change peuvent être gelés à un taux nominal. Bien sûr, si l'inflation continue, il y aura alors une appréciation réelle de la monnaie et, par conséquent, une augmentation des importations en même temps qu'une diminution de la croissance des exportations, ceci faussant du même coup les mécanismes économiques réels, comme ce fut le cas dans nombre de pays latino-américains ayant entrepris, durant ces vingt dernières années, des politiques de stabilisation.

Du point de vue de la politique fiscale, si la dévaluation engendre un phénomène d'expansion, elle peut alors être utilement combinée avec des mesures d'austérité par le fait que les changements des taux de change améliorent la balance commerciale, tandis que la politique fiscale aide à éviter une situation de demande excessivement inflatoire. Cependant, au cas où la dévaluation engendrerait un mécanisme de contraction, ce qui est d'ailleurs le plus souvent le cas, la combiner avec une politique d'austérité fiscale risque de provoquer des résultats véritablement catastrophiques.

En outre, la dévaluation ne peut, seule, améliorer les performances commerciales. Se débarrasser des distorsions extrêmes au niveau des prix semble, il est vrai, être une condition nécessaire pour une plus grande commerciabilité des activités domestiques. Toutefois, des incitants en matière de prix ne peuvent, seuls aussi, être suffisants pour améliorer ces performances. Un taux de change réel, d'une valeur raisonnable et stable, constitue un stimulant inestimable pour les exportations. Bien sûr, il se doit alors d'être accompagné de politiques de promotion commerciale telles des diminutions d'imposition, des subsides à l'exportation, un crédit bon marché, etc., ainsi qu'une intervention de l'Etat afin d'améliorer l'infrastructure et l'environnement économique global. Le taux de change réel peut également être stabilisé en suivant une politique de dévaluation rampante incluant de fréquentes mini-dévaluations nominales, de manière à maintenir le taux de change en relation avec le niveau des prix domestiques.

Alors que la dévaluation d'une monnaie surévaluée, en même temps qu'une gestion fiscale adéquate, peut être une mesure importante pour la stabilité macro-économique, dans certaines circonstances comme lorsque les taux de change sont trop flexibles, celle-ci peut par contre s'avérer aussi particulièrement déstabilisante. Par exemple, lorsque des biens non-commercialisés sont une source nette de revenus pour le secteur public, une dévaluation réelle accroît le déficit public et peut, alors, rendre la stabilité macro-économique d'autant plus difficile à atteindre [Rodrik, 1988]. Les études de cas entreprises par Taylor (1988) suggèrent d'ailleurs que la dévaluation conduit souvent à la stagflation, c'est-à-dire à un phénomène conjoint de chute de la production et de hausse des prix, et ce un an généralement après une dévaluation. A l'inverse, le FMI et la Banque Mondiale sont non seulement d'avis qu'une dévaluation entraîne un mécanisme d'expansion, mais également qu'elle ne peut provoquer d'inflation.

Il existe toutefois un argument de poids en faveur de la dévaluation lorsque le taux de change est sérieusement surévalué. Ceci est simplement dû au fait qu'il est extrêmement difficile de faire tourner une économie ouverte si ce taux est trop décalé par rapport à la réalité. Par contre, si le taux réel est relativement correct, l'argumentation contre une mesure de dévaluation, plus rapide que l'inflation courante, deviendra plus pertinente du fait des risques de stagflation. Enfin, le FMI semble être convaincu que dans les pays qui entament un programme de stabilisation, il y a automatiquement surévaluation des taux de change et que la dévaluation de la monnaie nationale est la première des mesures à prendre. Taylor (1988) estime au contraire que le taux de change n'est pas toujours *hors proportion* au début d'un programme de stabilisation, et qu'une brusque dévaluation ne risque que d'aggraver encore plus le problème de l'instabilité macro-économique.

VI. La libéralisation du commerce

La réforme de la politique commerciale constitue peut-être l'une des composantes majeures de l'actuelle stratégie d'ajustement. L'on affirme généralement, aujourd'hui, que les pays en voie de développement ont besoin de s'éloigner d'un régime qui appliquerait des politiques commerciales faussées afin de se réorienter vers un régime considéré comme plus neutre. Ainsi, une certaine séquentialité des politiques est dès lors recommandée si l'on veut pouvoir se diriger vers un système plus libéral. Il faudrait alors, dans un premier temps, qu'existe une stabilité macro-économique;

ensuite, les quotas pourraient être convertis en tarifs douaniers et enfin, ce programme de taxation devrait être ramené à deux ou trois taux principaux, compris entre 10 et 50%, c'est-à-dire suffisants pour permettre une certaine protection de la production locale et quand même générer des revenus.

L'argument qui sous-tend ainsi le choix d'un régime commercial de type libéral est que les gains en matière d'efficacité y seront plus importants bien que, du point de vue de la durabilité, la libéralisation du commerce puisse engendrer une plus grande instabilité macro-économique. En effet, avec la suppression des quotas d'importation et des coupures significatives dans les taux tarifaires, les importations vont considérablement augmenter à un moment où la stabilisation requiert une réduction de la demande de ces importations. Comme mentionné au point quatre, l'objectif de la libéralisation du commerce va alors entrer en conflit avec celui de la réduction du déficit de la balance des paiements. Bien que ceci puisse être résolu par une politique des taux de change adéquate, cela risque quand même de nettement compliquer la tâche de la gestion macro-économique par l'augmentation du nombre d'objectifs que ce taux de change est appelé à remplir.

Différents auteurs dont Dornbusch (1989), Krugman (1989) et Rodrik (1989) suggèrent qu'en cas de sur-emprunt et de sous-investissement, des réformes commerciales manquant de crédibilité peuvent être difficiles à maintenir. Dans un tel scénario, l'instabilité macro-économique existante va rester sous pression et peut même, en outre, forcer le gouvernement (y compris ceux impliqués dans des politiques de réforme économique) à abandonner ce processus. Le retard dans la restructuration de l'économie qui va en découler peut en outre bloquer l'émergence de nouvelles alliances politiques en faveur de cette réforme. Par conséquent, une étape est franchie pour une muliplicité potentielle des équilibres. Dans un des cas, l'économie est en équilibre précaire par des investissements trop faibles et une grande probabilité d'échec de la réforme alors que dans l'autre, l'issue est plus favorable. Malgré les impondérables, l'économie peut résister dans l'un et l'autre de ces cas, impliquant par là qu'il peut exister un large degré d'indétermination quant au succès de la réforme.

Dès lors, si l'effet de la libéralisation des importations sur les performances en matière d'exportation peut se trouver affaibli et, plus important encore, nettement retardé, le déficit de la balance commerciale risque alors de s'aggraver rapidement. A l'inverse, les expériences réussies que sont la Corée du Sud et, plus récemment, la Turquie ont montré que dans le cas de politiques axées directement sur les exportations, les quotas d'importation et les subsides à l'exportation peuvent constituer une bien meilleure alternative que la libéralisation du commerce et la dévaluation de la monnaie nationale. Bien sûr, tant la Corée du Sud que la Turquie ont libéralisé leurs importations, mais seulement après que leurs exportations aient suffisamment augmentées. La Colombie et le Kenya ont également pu prouver leur qualité de pays exportateurs via ces mêmes politiques.

La réforme en ce qui concerne les incitants à la production de biens d'exportations et d'importations compétitifs constitue une autre caractéristique significative de presque tous les programmes d'ajustement de la Banque Mondiale. Du point de vue des exportations, l'accent a été mis sur deux points principaux, en plus de la politique des taux de change. Il s'agit, en premier lieu, de la provision d'incitants financiers via une diminution des taxes, de subsides sur les intrants importés afin de compenser les contrôles en matière d'importations, ainsi qu'un accès préférentiel aux importations et au crédit. Le second de ces points consiste, quant-à-lui, en une réforme des procédures administratives et en l'établissement d'un meilleur support institutionnel pour les exportateurs, alors que sur le plan de l'import-substitution la protection a été réduite pour encourager une plus grande efficacité et une meilleure exploitation du mécanisme des avantages comparatifs.

Comme déjà mentionné au point quatre, l'objectif de la libéralisation du régime commercial entre alors en conflit avec celui de la réduction du déficit budgétaire. Lorsqu'une réforme du commerce est entreprise, il est important de garder un oeil sur la crise fiscale sous-jacente. Farhadian-

Lorie et Katz (1988) affirment d'ailleurs que des taxes commerciales représentent un gros morceau des revenus des gouvernements des pays du Sud, et qu'il est dès lors primordial d'être particulièrement prudent dès que l'on parle de couper dans ces tarifs. Au Mexique, par exemple, la réforme du commerce a ainsi réduit de moitié la part des taxes commerciales dans le revenu total du gouvernement et amplifié d'autant la compression fiscale nécessaire.

Qui plus est, en Thaïlande et au Maroc, les réductions tarifaires ont dû, finalement, être en grande partie annulées pour des raisons budgétaires. Les règles habituelles d'un programme de réforme commerciale tendent en effet à négliger certains aspects cruciaux de l'économie. Les droits de douane sont, généralement, ignorés en tant que source importante de revenus pour le gouvernement, de même que le fait qu'il puisse y avoir d'autres taxes domestiques dans le système. Finalement, le programme de réforme oublie également que les biens importés ne sont pas toujours des substituts parfaits des biens produits localement dans le même secteur.

VII. La libéralisation des finances

La libéralisation dans le secteur des finances constitue également l'une des composantes majeures de la stratégie actuelle d'ajustement. Selon l'optique de la Banque Mondiale et du FMI, différentes mesures concernant cette libéralisation des finances doivent être adoptées après que l'économie ait atteint une stabilité de type macro. Cependant, et comme déjà discuté auparavant, la stabilisation étant un processus de longue haleine, des réformes structurelles non respectueuses de ces principes dans les domaines du commerce ou des finances sont souvent prises au beau milieu de l'instabilité macro-économique.

Le processus de libéralisation des finances comprend, selon la Banque Mondiale, trois étapes. La première implique la réduction des programmes de prêts dirigés, des ajustements dans la structure des taux d'intérêts et des améliorations au niveau institutionnel. La seconde, quant à elle, inclut des mesures tel que l'établissement d'une série de taux de dépôts et de prêts, le développement d'institutions et de marchés financiers ainsi que l'entrée d'institutions étrangères dans les marchés financiers domestiques. Enfin, la troisième et dernière étape consiste en une dérégulation complète des taux d'intérêts, l'élimination des programmes de prêts dirigés, la suppression des contrôles sur les mouvements de capitaux et l'autorisation d'entrée, sans restriction aucune, des institutions étrangères.

Bien que la séquentialité de ces mesures aie sa propre signification, une pré-condition très importante se doit d'être rencontrée avant leur mise en route. Il s'agit de l'établissement d'un environnement macro-économique stable. L'expérience des pays latino-américains a montré que la suppression des taux d'intérêts plafonds, l'élargissement du choix des biens de consommation disponibles pour les ménages ainsi que la libéralisation du compte capital de la balance des paiements ont été mises en route sans que l'on n'aie fait attention à leurs conséquences sur la stabilité macro-économique et la durabilité.

Le cas de l'Uruguay est d'ailleurs particulièrement éclairant à cet égard. Alors que la libéralisation des finances d'après 1974 engendrait un gouffre financier considérable, elle a également provoqué une réduction importante de l'épargne privée. De Melo et Tybout (1985) suggèrent d'ailleurs que ce fut en grande partie dû à l'explosion de la consommation stimulée par un taux de change réel qui s'appréciait. Ce cas nous permet dès lors de comprendre comment les effets allocatifs des réformes en matière de prix peuvent être facilement noyés par les conséquences d'un déséquilibre macro-économique.

Une réforme financière implique donc des changements au niveau des prix relatifs, changements qui ont besoin d'être évalués et intégrés. Lorsque de telles réformes sont mises en place dans un environnement d'instabilité des prix, il devient très difficile de déterminer les taux d'intérêts appropriés et de pouvoir les interpréter après la mise en route de la réforme. Les expériences de libéralisation ratée en Argentine, Brésil, Colombie, Mexique et Uruguay suggèrent même que sans stabilité macro-économique, il est très difficile de parvenir à des taux d'intérêts qui soient en concordance avec la productivité sectorielle réelle, sans présumer d'ailleurs si ceux-ci sont déterminés par le marché ou régulés.

Entreprendre prématurément des réformes peut donc provoquer différents problèmes. Par exemple, ouvrir trop rapidement des marchés financiers peut engendrer une fuite des capitaux. Parallèlement, permettre une entrée totale des institutions financières peut mener à la perte du rôle de médiateur joué par les banques locales. En outre, entreprendre des mesures relatives à la libéralisation des finances implique alors que l'on donne un large degré d'autonomie aux politiques monétaires et financières. Tout comme supprimer les plafonds dans les taux d'intérêts provoque fréquemment un *crash* du secteur financier, selon les termes de Carlos Diaz lorsqu'il parlait des situations latino-américaines: "Au revoir répression financière, bonjour crash financier", une expérience qui s'est d'ailleurs depuis lors répétée dans bien d'autres continents.

McKinnon (1973 & 1982) et Dornbusch (1983 & 1984) ont suggéré que l'ouverture du compte capital de la balance des paiements va provoquer à court terme un large mouvement déstabilisant de flux de capitaux. Si le compte capital est ouvert alors que le marché local des capitaux est toujours réprimé, et que les taux d'intérêts sont fixés à des niveaux artificiellement bas, on va voir apparaître des fuites massives de capitaux vers l'étranger. Pour cette raison, la plupart - pour ne pas dire tous - des auteurs qui ont discuté ce point ont indiqué que le compte capital ne devait être ouvert qu'après que le marché domestique de capitaux ait été libéralisé et que les taux d'intérêts locaux aient été augmentés. Qui plus est, la libéralisation de ce compte va encore accroître le coût de financement du déficit en réduisant la demande des secteurs privés pour les obligations d'Etat. En outre, lorsque le taux de change réel est maintenu à la baisse pour des raisons de compétitivité, une prime est donnée aux taux réels internes par rapport aux taux étrangers, ce qui peut affecter défavorablement l'investissement local.

VIII. Conclusion

Les expériences de différents pays ayant entrepris des tentatives similaires de stabilisation et des programmes de réforme ont produit une série de résultats différents une fois appliquées à la diversité historique du Tiers-Monde. Les résultats de cette approche réformatrice de type orthodoxe peuvent en fait être classifiés sur une échelle allant du succès mitigé au désastre le plus complet. D'une manière générale, une série standardisée de mesures de réforme, avec des changements mineurs selon les cas, ne semble donc pas être l'approche la plus pertinente dans le contexte particulier des pays en développement. Des économies différentes ayant des rapports institutionnels propres et des liens de causalités variés ont besoin de programmes personalisés lorsqu'il s'agit d'une politique de stabilisation et de réformes structurelles. Une approche au cas-par-cas est donc nécessaire, et sans priorité systématique en faveur d'une politique de libéralisation de l'économie.

Bien que la plupart des écrits sur ce thème considèrent la croissance économique comme un moyen d'assurer les politiques de réforme et de stabilisation, il n'existe cependant aucune garantie de croissance durable. Des tentatives entreprises simultanément pour atteindre ces deux objectifs ne peuvent donc mener ni à une stabilité de type macro, ni à la restauration d'une croissance durable. En fait, l'objectif de stabilisation entre directement en conflit avec celui de la relance de la croissance économique. L'ajustement est nécessaire, mais il n'est pas nécessairement une condition suffisante pour la reprise de cette dernière, car les détenteurs de capitaux peuvent toujours postposer le rapatriement de ceux-ci, et les investisseurs peuvent également retarder le démarrage de certains projets.

Comme les programmes d'ajustement actuels ont centré leur attention sur le rôle de la libéralisation de l'économie, il est dès lors important d'étudier l'impact de celle-ci sur la croissance. D'un point de vue purement théorique, cette approche n'a en fait que peu de support. Krueger (1978), Lal et Rajpatirana (1987), Sachs (1987), Taylor (1988), Grossman et Helpman (1988) et Rodrik (1989) ont avancé des arguments qui pourraient aller dans ce sens mais, empiriquement parlant, les choses ne sont pas toujours aussi claires. En fait, depuis que la reprise de la croissance constitue l'objectif principal des programmes de réforme et la libéralisation économique l'outil le plus souvent proposé, nous pouvons affirmer que nous nous trouvons face à un gouffre profond, et non encore comblé, entre les instruments politiques proposés et les buts présentés.

L'approche orthodoxe contient en fait un certain nombre de limites et semble donc ne pas être des plus pertinente face à la grande variété de conditions habituellement rencontrées dans nombre de pays du Sud. Il est donc important que ces pays inventent eux-mêmes leur propre stratégie de réforme, tout en gardant à l'esprit leur contexte socio-économique propre.

Depuis que l'ajustement structurel est devenu un programme à objectifs et instruments multiples, on se heurte à des conflits d'objectifs. Et même si certains de ceux-ci ne sont que transitoires, la plupart d'entre-eux ne le sont pas. Par ailleurs, certains instruments sont appelés à atteindre plusieurs objectifs, comme par exemple la politique des taux de change. Mais dans de tels cas, la tâche de gestion macroéconomique se complique encore. Ainsi, nous pouvons affirmer que les approches actuellement privilégiées pour atteindre, d'une part, une stabilisation de type macro sur base de principes monétaristes à court terme et, d'autre part, une réforme structurelle via une politique néo-classique de fixation des prix à long terme, semble en fait ne pas pouvoir véritablement tenir la route.

Traduction: Alain Carrier

* * *

Bibliographie

1973 - McKINNON, R., **Money and Capital in Economic Development**, The Brookings Institution, Washington.

1978 - KRUEGER, A., **Foreign Trade Regimes and Economic Development: Liberalisation Attempts and Consequences**, Ballinger, Cambridge, Massachussets.

1979 - BRUNO, M., **Stabilisation and Stagflation in a Semi-Industrialised Economy** in DORNBUSCH, R. & FRENKEL J.A. (eds). **International Economy Policy: Theory and Evidence**, Johns Hopkins University Press, Baltimore.

1981 - SACHS, J., **The Current Account and Macro-Economic Adjustment in the 1970s'**, Brookings Papers on Economic Activity, n° 1.

1982 - DORNBUSCH, R., **Stabilisation Policies in Developping Countries: What Lessons Have We Learned?**, World Development, vol. 10, Septembre.

- McKINNON, R., The Order of Economic Liberalisation: Lessons from Chile and Argentina, in BRUNNER, K. & MELTZER, A. (eds), **Economic Policy in a World of Change**, North-Holland, Amsterdam.

1983 - DORNBUSCH, R., **Remarks on the Southern Cone**, IMP Staff Papers, Mars.

1984 - DORNBUSCII, R., **External Debt, Budget Deficits and Disequilibrium Exchange Rates**, NBER Working Paper, n° 1336, Cambridge, Massachussets.

- EDWARDS, S., The Order of Liberalisation of the External Sector in Developing Countries, **Essays in International Finance**, n° 156, International Finance Section, Princeton, New Jersey, Décembre.

1985 - de MELO, J. & TYBOUT, J., **The Effects of Financial Liberalisation on Savings and Investment in Uruguay**, World Bank Report, n° DRD 129, World Bank, Washington, D.C.

- MOSLEY, P., **On Persuading a Leopard to Change His Spots: A Study of World Bank Structural Adjustment Lending**, University of Bath Papers in Political Economy, n° 35.

1987 - LAL, D. & RAJAPATIRANA, S., **Foreign Trade Regimes and Economic Growth in Developing Countries**, World Bank Research Observer, vol. 2, n° 2, Juillet.

1988 - FARHADIAN-LORIE, Z. & MENACHEM, K., **Fiscal Dimensions of Trade Policy**, IMF Working Paper, WP/88/43, Washington, D.C.

- GROSSMANN, G. & HELPMAN, E., **Comparative Advantage and Longrun Growth**, (mimeo), Princeton University, Princeton, New Jersey, Août.
- RODRIK, D., **The Welfare Economics of Debt Service**, NBER Working Paper, n° 2655, NBER, Cambridge, Massachussets.
- TAYLOR, L., **Economic Openness Problems to the Century's End**, Wider Working Paper WP 41, Helsinki.

1989 - KRUGMAN, P., Developing Countries in the World Economy, **Journal of the American Academy of Arts and Sciences**, vol. 118, n° 1.

- LUCAS, R. Jr, On the Mechanics of Economic Development, **Journal of Monetary Economics**, vol. 22.
- RODRIK, D., **Policy Uncertainty and Private Investment in Developing Countries**, NBER Working Paper, n° 2999, NBER, Cambridge, Massachussets.

1990 - BAJPAI, N., World Bank's Structural Adjustment Lending - Conflicting Objectives, **Economic and Political Weekly**, Avril 14.

1991 - HJALMARSSON, L., The Scandinavian Model of Industrial Policy, in BLOMSTROM, M. & MELLER, P. (eds), **Diverging Paths: Comparing A Century of Scandinavian and Latin American Economic Development**, Johns Hopkins University Press, Washington, D.C.

- UNCTAD, **Trade and Development Report**, United Nations, New York.

1992 - BAJPAI, N., Severely Indebted Low-Income Countries : Mounting External Debt and Servicing Burden, **Economic and Political Weekly**, Avril 25.

Alternatives Sud, Vol. I (1994) 2, pp. 53-75

L'ECHEC DE L'AJUSTEMENT EN AFRIQUE*

Bernard Founou-Tchuigoua

Les Programmes d'Ajustement Structurel ont été introduits en Afrique au début des années 1980 non seulement du fait d'une crise d'expansion du modèle développementaliste, mais aussi à cause d'un certain nombre de déséquilibres macro-économiques, tant du point de vue des finances publiques que de celui de la balance des paiements. La Banque Mondiale et le Fonds Monétaire International, créateurs des Programmes d'Ajustement Structurel, ont imposé ces mesures pour stabiliser les économies, c'est-à-dire pour ramener les déficits des finances publiques et de la balance des paiements dans des limites qui permettent d'organiser une gestion financière déflationniste. Ils voulaient donc, par ce biais, les aligner sur le système mondial.

Il est aujourd'hui primordial, pour les pays du Sud et en particulier les pays africains, de s'intéresser à la gestion rigoureuse des dimensions macro-économiques parce que c'est fondamentalement la perte de contrôle sur leur évolution par l'Etat qui réduit la capacité de poursuivre les objectifs de développement. Il est vrai que cette exigence entraîne généralement des révisions à la baisse de certains programmes sociaux, d'où l'importance des arbitrages démocratiques de l'allocation des ressources dans l'option d'un développement autonome.

Introduction: Problème de la logique du marché

L'économisme domine aujourd'hui sous une version dite néo-libérale qui prétend que la *logique du marché* fournit un cadre de référence théorique et des recettes pour sortir l'Afrique de la crise de l'expansion capitaliste et même de la quart-mondialisation. Mais qu'est-ce que la logique du marché dans la nouvelle phase de l'accumulation mondiale?

---

* Exposé fait lors d'un séminaire du Centre Tricontinental à Louvain-la-Neuve, novembre 1993.

C'est, en premier lieu, les transnationales engagées dans la nouvelle mondialisation de l'accumulation dans laquelle, grâce au système des capitaux flottants et aux mouvements de change, le Sud transfert vers les centres toujours plus de valeurs et de richesses. C'est, ensuite, la désorganisation syndicale et politique des travailleurs et la tendance à la fixation des salaires au niveau des firmes, voire même des ateliers.

De la Deuxième Guerre Mondiale à la crise, cette logique se heurte à celles de l'Etat national central, alors dominé par l'alliance social-démocrate, du système soviétique, déconnecté, ainsi que des alliances populistes au Sud. Aujourd'hui, la droite a remplacé l'alliance social-démocrate au pouvoir en Occident, le soviétisme s'est effondré et l'alliance populiste a été partout emportée par la crise de la dette.

Le capital peut alors apparaître sous sa forme cosmopolite, sans principes moraux aucun, intéressé aux coûts de production et non au bien-être social comme l'avait d'ailleurs présenté Marx, mais cette fois à l'échelle mondiale.

L'économisme néo-libéral n'est que l'idéologie de ce capitalisme sauvage; il légitime la logique de la société transnationale sur celle de l'amélioration des conditions de vie et de la démocratisation des sociétés. Ces différentes considérations vont guider notre propos.

I. L'échec économique des programmes de stabilisation et d'ajustement structurel en Afrique

1. Le volet "stabilisation"

Les programmes d'ajustement structurel ont été introduits en Afrique au début des années 1980 non seulement du fait d'une crise d'expansion du modèle développementaliste, mais aussi à cause d'un certain nombre de déséquilibres macro-économiques, tant du point de vue des finances publiques que de celui de la balance des paiements. La Banque Mondiale et le Fonds Monétaire International (FMI), créateurs des Programmes d'Ajustements Structurels (PAS), ont imposé ces mesures pour stabiliser les économies, c'est-à-dire pour ramener les déficits des finances publiques et de la balance des paiements dans les limites qui permettent d'organiser une gestion financière déflationniste. Ils voulaient donc, par ce biais, les aligner sur le système mondial.

Mais au-delà de ces ajustements macro-économiques, on s'aperçoit rapidement qu'un des objectifs premiers de ces programmes était d'obliger des économies à bout de souffle à faire face, malgré la situation, au service de la dette. C'était également un moyen de les maintenir à l'intérieur du système financier international, système qui venait de subir de nombreuses transformations au cours des années 1970, dans le sens d'une dérégulation particulièrement musclée dans le cadre de la mondialisation de l'économie.

A. Facteurs de l'approfondissement de la dimension macro-économique de la crise

En ce qui concerne la balance des paiements, il est aujourd'hui relativement facile de constater que celle-ci, déjà négative durant les années 70, ne s'est guère améliorée durant les années 80. La tendance ne semble d'ailleurs pas devoir s'inverser pour les années 90 et ce, même si 1992 est au niveau des chiffres une année positive.

On peut même constater aujourd'hui que le déficit de la balance des paiements s'est nettement accru durant la décennie 80 par rapport aux chiffres des années 70, bien que sa réduction ait été un des objectifs officiels des Programmes d'Ajustements Structurels de cette décennie. En fait, depuis 1970, la balance des paiements des pays au Sud du Sahara n'a finalement été excédentaire qu'en 1980 (+0.58 millions $) et en 1992 (+13.9 millions $).

Pourtant, la région dans son ensemble exporte plus aujourd'hui, en volume, que durant les années 70, et ce même si la variation moyenne en pourcentage annuel y est moins importante. La détérioration des termes de l'échange joue un rôle de premier ordre dans cette évolution. Ces termes de l'échange, qui atteignent, à peine, le taux de 0.2% de variation moyenne pour l'ensemble de la période allant de

1965 à 1990, ont en fait été négatifs (-4.7% de variation annuelle) durant la décennie 1980 [Banque Mondiale, 1992, 43]. Et le mouvement à la baisse continue.

Mais l'évolution des termes de l'échange, c'est-à-dire le rapport entre les prix des exportations et ceux des importations, a été à ce point négative qu'elle a totalement annulé cet effort dans l'accroissement de la production, celle-ci étant principalement composée de produits agricoles.

Cette détérioration résulte-t-elle principalement des forces du marché ou bien d'une stratégie de polarisation globale?

- **Le réajustement des exportations du Sud aux besoins du Nord**

Dans le cas de l'Afrique subsaharienne, un des objectifs officiels des Programmes d'Ajustements Structurels fut la relance des exportations des pays du Sud, de manière à les réinsérer dans le système économique international. En réalité, il s'agissait surtout de réactiver les exportations *de type ancien*, c'est-à-dire les produits primaires, agricoles et miniers.

En ce qui concerne les produits miniers, les incitations à la production ne sont généralement pas nécéssaires car la quasi totalité de leur production dépend des sociétés multinationales, donc de l'Occident. Dans cette optique, les pays les plus intéressants pour ces compagnies - et donc pour le Nord - sont ceux où l'Etat est fortement affaibli. Par ailleurs, en Afrique, il est patent de constater que, mis à part le Nigéria, l'exploitation pétrolière se fait dans les pays côtiers, et de préférence de manière *off-shore*. Lorsque les compagnies s'aventurent à l'intérieur du continent, c'est qu'il s'agit d'un métal précieux, l'or en l'occurrence.

Quant aux produits agricoles, dont la production peut être incitée localement, il est frappant de remarquer qu'aucun des objectifs internes des Programmes d'Ajustements Structurels n'a été atteint, dans aucun pays au Sud du Sahara, et ce même en termes purement économiques. En effet, malgré les hausses de production dans certains secteurs agricoles, l'évolution négative des termes de l'échange a, on l'a vu, annulé la croissance des rentrées qui aurait dû en découler. En outre, cette politique du *tout à l'exportation* a miné le développement de l'agriculture vivrière, rendant désormais ces pays également dépendants du point de vue alimentaire.

Lorsqu'elle parle de la réussite des PAS, la Banque Mondiale a l'habitude de brandir le cas du Ghana et de ses exportations de cacao. S'il est vrai que suite à la dévaluation et aux mesures prises par le Gouvernement ghanéen, les exportations de cacao ont repris, il ne s'agit toutefois que d'un mouvement très passager lié au fait qu'auparavant, les centrales d'achat des Etats payaient les produits à des prix excessivement bas. La libéralisation des prix a eu pour effet au Ghana, que des paysans ont pu exporter plus de cacao qu'auparavant. Il y a donc eu un peu plus d'offre de produits agricoles, ce qui s'est bien sûr traduit dans les indices économiques nationaux.

L'Union Européenne déverse en Afrique de l'Ouest ses excédents de viande et de farine de blé, et ferme ainsi la porte aux débouchés de l'élevage et de la céréaliculture sahélienne alors que, aujourd'hui plus que jamais, une politique d'auto-suffisance alimentaire sous-régionale exige le protectionnisme agricole.

Mais comme la Banque Mondiale s'oppose en même temps à la subvention des intrants agricoles, ainsi que du matériel agricole, cette timide croissance dans la production s'est réalisée principalement sur le mode d'une production excessivement extensive, alors que le pays a besoin d'une véritable révolution agricole liée à l'industrialisation.

- **L'impact négatif des termes de l'échange**

Différents éléments peuvent expliquer cette évolution particulièrement négative des termes de l'échange. En premier lieu, les plans d'ajustement structurel mis en place dans les différents Etats africains ont eu, on l'a dit, comme point commun une volonté de mettre l'accent sur le développement du secteur primaire. L'accroissement de l'offre de produits de base sur le marché mondial a évidemment fait chuter le prix de vente de ces produits. Retransformés au préalable en pays mono-producteurs primaires, plan d'ajustement et pressions occidentales obligent, les pays africains n'ont eu d'autre solution, pour préserver le niveau de leurs rentrées extérieures, que la fuite en avant dans la course à la production, stratégie qui devait contribuer à son tour à la baisse des prix à l'exportation de biens primaires.

Le second élément de cette évolution négative des termes de l'échange est lié au premier. Le début d'industrialisation qu'avait connu l'Afrique à partir des décolonisations, et déjà durement touché par la crise économique qui débuta dans les années 70 ainsi que par la fermeture (y avait-il eu réelle ouverture?) des marchés des pays industrialisés qui s'en suivit, a encore été freiné, voire complètement arrêté suite à l'obligation imposée par les Programmes d'Ajustement de diminuer le niveau des importations et cela afin d'accorder la priorité au service de la dette, c'est-à-dire à l'articulation au nouveau système financier. Pourtant, ces importations se composaient pour une grande part de pièces de rechange et d'appareillages destinés à l'industrie locale. Faute d'entretien, de réparation, de transformation, l'outil industriel africain s'est lentement décomposé, affectant du même coup les rentrées qui lui étaient liées.

Enfin, un troisième élément d'importance est à mentionner. Suite au premier choc pétrolier et à la flambée des prix qui l'a suivi, les pays occidentaux, principaux utilisateurs des produits miniers originaires du Sud, ont lancé deux initiatives majeures pour restructurer leurs propres économies, mesures qui devaient, à terme, les rendre moins dépendantes des risques de fluctuation financière. La première fut d'augmenter la capacité de stockage de ces produits, et en particulier des produits énergétiques. Quant à la seconde, elle est illustrée par des politiques dont l'objectif est de renouveler les termes de la polarisation technologique. Le résultat est que les pays du Nord sont de moins en moins dépendants des biens primaires du Sud, surtout miniers mais également agro-alimentaires.

Il est aujourd'hui totalement erroné de penser que les *stratégies* des politiques d'ajustement structurel puissent ignorer la tendance profonde, et irréversible, de la déterioration des termes de l'échange. Cependant, malgré les projections optimistes de la Banque Mondiale, toujours démenties par des faits pourtant prévisibles, aucun changement ne semble poindre du côté de la *philosophie du développement économique* prônée par celle-ci et le FMI pour les sociétés du Sud.

B. L'arme de l'endettement

Comme indiqué précédemment, un des objectifs majeurs des Programmes d'Ajustements Structurels imposés aux Etats africains est de garantir le paiement du service de la dette, et ce malgré la situation d'asphyxie quasi totale de ces économies.

Pourtant, la Banque Mondiale déclarait en 1970 dans son Rapport annuel que: "Les statuts de la Banque Mondiale stipulent que lorsqu'elle accorde ou garantit un prêt, elle tiendra dûment compte de la possibilité qu'a l'emprunteur (ou le garant) de s'acquitter de ses obligations au titre du prêt" [Banque Mondiale, 1970, 56]. Un peu plus loin dans ce même Rapport, elle signalait pourtant déjà que: "Pendant les dix dernières années qui viennent de s'écouler, le taux de croissance aussi bien de la dette en cours que des paiements au titre du service de la dette, était à peu près deux fois plus élevé que celui des recettes d'exportation des Pays en Voie de Développement et près du triple du taux de croissance de leur Produit Intérieur Brut (PIB) combiné. (...) On peut se demander si la dette et le service de la dette peuvent continuer à s'accroître aussi rapidement que pendant les dix dernières années, particulièrement dans les pays qui ont dejà à s'acquitter d'obligations extérieures relativement lourdes" [Banque Mondiale, 1970, 57].

Pourquoi donc la Banque Mondiale a-t-elle participé à une réorganisation du système financier dans laquelle l'endettement du Tiers-Monde a joué un rôle essentiel?

La logique économique néo-libérale se caractérise par une primauté des intérêts à court terme par rapport au long terme. Ainsi en est-il donc également de l'obligation, envers et contre tout, du remboursement du service de la dette, et ce même si ce remboursement d'intérêts (choix de court terme) contribue à la stagnation économique du Sud. Un démarrage du Sud (choix de long terme), même lent, aurait pourtant des conséquences économiques positives, aussi pour le Nord, bien plus importantes que celles actuellement drainées par le service de la dette.

Ce dernier représente actuellement, pour les pays africains du Sud du Sahara, entre 15 et 20% des exportations totales de la région. Le ratio des intérêts réellement payés par rapport à ce total d'exportations avoisine, lui, les 10%. La dette totale, quant à elle, rapportée au PNB de la région atteint une fourchette de 70 à plus de 90% selon les pays.

Dans tous les cas, l'insolvabilité est devenue évidente. Cette augmentation constante constitue un des paradoxes les plus scandaleux du *rationalisme néo-libéral*, puisque la somme des intérêts déjà payés par les économies du Sud à l'Occident créancier dépasse aujourd'hui la somme empruntée par ces mêmes pays. La dette en elle-même reste par ailleurs intacte, voire en augmentation du fait de la capitalisation des intérêts non payés. Qui plus est, on assiste depuis 1984 à un financement des pays riches par les pays pauvres, via le service de cette dette, et dont le montant est plus important que celui des décaissements effectués par le Nord en direction du Sud[1].

---

1. Il est bon de rappeler en outre que l'origine de la dette se situe d'une part dans l'énorme disponibilité de pétro-dollars qui cherchaient à s'investir et de l'autre, pour une part importante à des dépenses non-productives: consommation des couches les plus occidentalisées de la population, dépenses de prestige, "éléphants blancs" servant les intérêts des particuliers des fournisseurs et des détenteurs du pouvoir, achat d'armes dont on connaît les effets catastrophiques, etc.

2. Le volet "structurel"

Les programmes d'ajustement exigent donc que l'Etat se désengage de la régulation économique et sociale à deux niveaux au moins. Le premier est de renoncer à l'idéologie et à des politiques d'affectation volontariste des ressources par la planification. Cette exigence n'a pas été acceptée sans réticence par les Etats africains car pour la plupart, la planification était devenue un des instruments du rite de légitimation du pouvoir et offrait l'occasion à ses composantes ethniques ou régionales de négocier et de trouver des compromis sur la localisation de certaines infrastructures. Cela explique l'importance de la dimension *aménagement du territoire* dans la rhétorique. Par ailleurs, la planification véhiculait l'idéologie de la régulation économique et sociale par l'Etat gardien de la justice sociale contre les *forces aveugles du marché* et du profit. Le pouvoir *compradore*[1] avait donc des raisons idéologiques de s'opposer à la doctrine du marché auto-régulateur.

L'Etat se désengage aussi de la propriété des moyens de production et des mécanismes de la formation des salaires et des prix. La décennie 1970 fut particulièrement favorable à la création d'entreprises para-publiques, y compris dans les pays dits de capitalisme libéral. Trois facteurs avaient favorisé cette création: l'augmentation brusque, quoique chaotique, des rentes minières, pétrolières et même agricoles entre 1973 et 1977, l'explosion des crédits à l'exportation et, enfin, le plus important d'entre eux, la dérégulation financière dans un contexte de sur-liquidité et de taux d'intérêts négatifs. Autrement dit, l'étatisation de la propriété - et rarement du contrôle des moyens de production -

---

[1]. Ce terme dont l'origine se situe dans le mot espagnol compador, (acheteur), a été appliqué par Marx à la bourgeoisie qui sert d'intermédiaire vis-à-vis d'intérêts extérieurs, contrairement à la bourgeoisie nationale, qui investit sur place. Il s'agit en l'occurence d'un processus qui entraîne les Etats africains dans un rôle de subsidiaire vis-à-vis des pouvoirs économiques mondiaux.

résultait moins de politiques économiques cohérentes que de circonstances.

Néanmoins, l'étatisation était une pièce supplémentaire dans la panoplie légitimatrice du pouvoir, en même temps qu'une source de revenus. Les rentabilités financières et économiques n'avaient pas été considérées comme des critères d'appréciations essentiels, même par la Banque Mondiale qui participait d'ailleurs souvent à leur financement. A partir de 1980, les institutions de Bretton Woods posent un diagnostic très simple. Une entreprise d'Etat serait, par nature, source de *distorsions* qui pénalisent la *croissance durable*, c'est-à-dire auto-régulée. Et d'exiger dans un premier temps la privatisation des règles de leur gestion et, dans un second, leur privatisation. Comme, en Afrique, la conquête de positions politiques est préalable à l'accumulation privée qui se nourrit directement du secteur d'Etat, la résistance du pouvoir *compradore* a été, au départ, très vive. Mais, incapable d'assurer l'équilibre de la balance des paiements, il a dû céder. Il a ainsi perdu un facteur de légitimation, notamment la création des emplois qui lui permettait de résoudre certains problèmes politiques et/ou sociaux.

Voyons maintenant un exemple de privatisation *réussie*, l'**Ashanti Goldfields Company** du Ghana. Le Gouvernement a *vendu* 55% de parts et le trust anglais **Lonhro** qui détenait déjà 45% des actions est devenu l'actionnaire principal. Or, cette privatisation s'explique moins par l'inéfficacité de la gestion de l'entreprise que par son succès du point de vue de la rentabilité: elle était en tête des douze premières mines aurifères du monde! [The Economist, 19 mars 1994]. Ce contrôle absolu de l'Occident sur les mines d'or de Ghana explique sans doute le soutien spécial que les institutions de Bretton Woods apportent actuellement au pouvoir ghanéen.

La libéralisation des prix et des salaires est considérée comme une indication essentielle de la croissance, car dans le nouveau schéma, elle doit être fondée sur l'offre et non pas sur la demande des produits d'exportation. Ce qui veut dire qu'il faut réduire les coûts de la force de travail et donc, de façon absolue, le pouvoir d'achat des travailleurs au niveau de la firme et de la société. La paupérisation n'est donc pas un sous-produit fatal de l'ajustement structurel, elle en est une composante essentielle. Dire que les travailleurs du secteur d'exportation profitent de cette libéralisation, c'est faire volontairement abstraction des rapports sociaux qui leur sont défavorables. Tout ce que l'on peut actuellement dire c'est que, temporairement, certains secteurs sont moins touchés que d'autres.

- **Le cas particulier de l'éducation**

La crise du système éducatif africain mérite une attention particulière en raison de la fonction stratégique que joue l'éducation au plan économique, social, politique et culturel. Elle se traduit notamment par la diminution continue des possibilités de mobilité sociale pour les couches pauvres. Pourquoi donc celles-ci envoient-elles de moins en moins leurs enfants à l'école?

L'économisme néo-libéral recourt à la théorie de la rentabilité individuelle. Pour lui, l'éducation est un investissement comme un autre. Les parents doivent donc appliquer le même critère de rentabilité que les firmes dans *l'évaluation du projet éducationnel de leurs enfants*. En Afrique, la crise de l'emploi est si générale que pour tous les ordres d'enseignement le taux de rentabilité tend vers zéro pour les pauvres. S'ils *n'investissent* plus dans l'éducation, c'est *rationnel*! D'ailleurs, il en résulte une amélioration de l'efficacité (le nombre d'élèves par enseignant dans le primaire, par exemple), tandis que la rentabilité baisse!

En fait, l'économisme néo-libéral soutient hypocritement que la micro-économie d'entreprise s'applique aussi à l'éducation. Il se refuse de reconnaître que le temps des études dépend principalement de la position sociale des parents. Plus grave encore, il isole l'éducation du débat sur la nécessité du développement étroitement dépendant de la révolution agricole/agraire et de l'industrialisation qui lui est liée.

Le néo-libéralisme ne s'intéresse pas à l'éducation des couches populaires sous l'angle de la culture et d'une idéologie alternative au capitalisme. Il se contente d'un pluralisme de second degré balisé par l'aliénation marchande et l'eurocentrisme. Ainsi, il véhicule les *valeurs* du capitalisme comme ailleurs, mais dans un contexte d'aliénation culturelle, puisque les spécificités locales sont ignorées ou décrétées inférieures à celles du centre. De plus, les jeunes qui fréquentent ce système éducatif vont reproduire eux-mêmes les termes de leur exploitation et de leur domination puisqu'ils n'ont pas pu bénéficier de l'essence même d'une éducation véritablement démocratique et d'un outil fondamental de lutte pour le changement, à savoir l'esprit critique du capitalisme.

Deux conséquences découlent de cette main-mise néo-libérale sur le secteur de l'enseignement des sociétés du Sud. La première est le sentiment de dévalorisation des cultures locales face à la *machine occidentale*. Celles-ci sont rapidement perçues comme inaptes et inefficaces, pour ne pas dire *arriérées*, et engendrent une polarisation sociale simpliste entre traditionalistes - assimilés à des réactionnaires - et modernes - assimilés à des démocrates. Cette polarisation permet rapidement aux sentiments et aux personnages les plus extrémistes et populistes de s'imposer sur la scène publique, tout en minant d'autant plus profondément la déjà fragile cohésion sociale encore existante, ainsi que la tentative d'équilibre ethnique issue de la vague des décolonisations.

La seconde conséquence concerne, quant à elle, le mécanisme de dépolitisation de l'espace économique que tente d'instaurer le modèle néo-libéral. Face à ce qui nous est généralement présenté comme *l'échec du socialisme*, la chute du régime soviétique, la pensée néo-libérale essaye aujourd'hui d'imposer une vision purement instrumentaliste de son projet économique, qu'elle présente comme *neutre* et *apolitique*. A grand renfort de techniciens et autres experts, l'ensemble des nations est mis en face d'un projet sociétaire censé être non-critiquable parce qu'instrumental et donc non-sujet à une quelconque forme de questionnement. En même temps il est atomisé au niveau de ses sphères d'activité, chacunes d'entre elles devant être perçue comme autonome, et libérant leurs mandataires, parce que *simples techniciens*, de toute responsabilité politique. L'objectif de cette instrumentalisation du fonctionnement économique néo-libéral est bien évidemment de le soustraire à la critique politique ou idéologique, via cette nouvelle irresponsabilité soi-disant *objective*, et par là même de vider la sphère politique de son pouvoir et de ses moyens d'action à l'encontre de la prépondérance actuelle des intérêts économiques individuels sur le concept de collectivité.

Cette régression actuelle de l'éducation dans le Tiers-Monde est donc plus grave, même si moins spectaculaire, que le décès d'enfants qui n'ont pu être vaccinés faute de médicaments. La destruction en profondeur du système éducatif représente, aujourd'hui et pour les années à venir, un terrible handicap pour les communautés locales.

II. L'affaiblissement de l'Etat subsaharien rend les problèmes sociaux insolubles

Au lendemain des indépendances, dans ces pays sans accumulation nationale et sans classe capitaliste, la seule structure capable de promouvoir un développement a été l'Etat lui-même. Il s'est substitué aux capitalistes absents en devenant entrepreneur, grâce à l'enthousiasme de la poussée nationaliste et au prestige dont jouissait le modèle soviétique, mais également à l'alliance social-démocrate à l'Ouest, l'étatisation des économies et l'objectif de modernisation sociale faisant l'objet d'un large consensus. C'est dans ce cadre que pendant près de 25 ans (de 1960 à 1985), les changements en termes de progrès social en Afrique ont été inouïs dans tous les domaines, en comparaison avec les résultats de plusieurs siècles d'intégration dans le capitalisme mondial et de 80 ans ou plus de colonisation. La participation populaire aux luttes de libération nationale, le soutien idéologique - et parfois matériel - des pays socialistes ont joué des rôles importants. Par rapport à la période coloniale, le bilan est tout-à-fait positif du point de vue purement quantitatif, malgré ses limites.

Bien sûr, tout ce progrès social est également à replacer dans un contexte de structuration des classes sociales. Mais malgré le fait que les détenteurs du pouvoir politique avaient aussi plus de facilités d'accès aux services offerts par l'Etat, la population, dans son ensemble, avait fini par se convaincre qu'elle avait également des droits, que l'éducation gratuite était quelque chose de normal, que les soins de santé devaient être bon marché...

Une construction nationale ne peut être purement idéologique. Elle se doit aussi de posséder des bases matérielles. Le progrès social en fait nécessairement partie. Si un mécanisme de régression sociale s'installe durablement, et donne à la population l'impression qu'elle ne pourra pas s'en sortir, c'est le désastre. C'est ce qui se produit avec le débridage de la logique de marché, par le biais des programmes d'ajustement structurel. Imposés de l'extérieur et généralement accompagnés d'une intervention technique étrangère, ces programmes ont donc signifié la remise en cause du projet de construction nationale. Ainsi, les populations locales, qui avaient lutté contre la colonisation, pour la création de sociétés libres et indépendantes, capables de prendre de manière autonome les décisions concernant leur présent et leur avenir, voient soudainement réduits à néant ces objectifs pour leurs enfants. La désaffection populaire pour l'Etat-Nation tel qu'existant encore, ouvre alors la porte aux revendications ayant pour objectif non plus la cohésion nationale mais une communauté *ethnique*, *religieuse* ou *linguistique*...

Cette situation d'affaiblissement de l'Etat africain est bien sûr renforcée par la crise des finances publiques, que les Programmes d'Ajustement de la Banque Mondiale et du FMI accélèrent encore. La plupart des Etats africains n'ont en effet actuellement plus les moyens de *faire tourner l'Etat*, c'est-à-dire de payer les fonctionnaires, et encore moins d'investir dans les ressources humaines.

Mais ce blocage de la construction nationale en Afrique subsaharienne s'explique principalement par la *recompradorisation* des classes dirigeantes car l'ajustement signifie tout simplement le maintien de l'Etat et de la classe dirigeante dans le rôle d'intermédiaire entre le système mondial et une société locale qui se désintègre. Pour que la Somalie, le Libéria, le Soudan... ne soient pas des préfigurations de l'Afrique de demain, il faut des Etats dont l'objectif est de construire des sociétés réellement nationales, dans lesquelles les différenciations de classes cessent de rimer avec richesse et pouvoir à un pôle, pauvreté et marginalisation politique à l'autre.

III. Les causes locales de l'échec

Le modèle de base adopté entre 1960 et 1989 et remis en cause du point de vue de l'accumulation, n'est pas très différent du modèle de la période coloniale. L'Afrique avait affaire, avant l'imposition des Programmes d'Ajustement, à des économies agraires de très faible productivité (agriculture extensive). Or, l'agriculture était à la base de ces économies. Donc à moins de subir des transformations de fonds par un progrès de la productivité et des rendements, celles-ci restaient particulièrement vulnérables sans possibilité de développer d'autres secteurs.

Ces économies étaient également restées dans le cadre de l'ancienne division internationale du travail, de type colonial: des économies agro-exportatrices voire exportatrices de produits miniers et ne jouissant que d'une base industrielle faible et particulièrement inéfficiente.

On peut, bien sûr, invoquer des raisons de marché pour expliquer cet échec économique et il est clair que leur rôle n'a pas été négligeable. Mais le fait que les Programmes d'Ajustement aient raté leur objectif officiel résulte également des contradictions et des faiblesses inhérentes au modèle de développement antérieur, qui n'était autre que le prolongement du modèle colonial.

Les pays du Sud qui parviennent aujourd'hui à s'insérer de manière relativement active dans le système économique international sont ceux qui ont pu sortir de cette ancienne division internationale du travail et qui ont su s'industrialiser jusqu'à un certain niveau (les NPI asiatiques et certains autres pays semi-industrialisés).

En ce qui concerne l'Afrique subsaharienne, on peut aujourd'hui clairement parler de *quart-mondialisation* car les économies locales sont restées et sont toujours maintenues dans l'ancienne division internationale du travail. On peut le constater avec les critères d'exportation imposés par la Banque Mondiale et le FMI. Dès lors, il est évident que toute tentative d'ajustement dans le cadre de ce modèle allait être immédiatement confrontée aux contradictions inhérentes à ce modèle et vouée à l'échec. L'analyse des évolutions économiques africaines de ces dix dernières années en est une preuve flagrante.

Il est en effet quasi impossible pour une économie insérée aujourd'hui dans le modèle capitaliste et qui doit faire face, par exemple, au service de la dette, de subsister si elle ne peut exporter de manière régulière. Et exporter de manière régulière autre chose que des produits industriels est actuellement impossible. Espérer exporter des produits industriels sans avoir au préalable transformé le système agricole, de manière à ce qu'il soit plus productif et produise principalement pour le marché local, est par ailleurs aussi une utopie.

Evidemment, cette *quart-mondialisation* se traduit par une informalisation croissante de l'économie. L'administration saturée et la base économique de production inexistante engendrent le fait que le secteur informel soit de plus en plus alimenté non seulement par la dynamique démographique et l'exode rural, mais aussi par les produits du système de l'éducation, les diplômés universitaires.

Donc, l'informalisation croissante des économies les plus faibles fait partie de ce genre de système, que renforcent encore les Programmes de la Banque et du Fonds. Le taux de croissance démographique atteignant aujourd'hui, dans la région, les 3 %, face à des croissances moindres du PIB de ces pays entraîne une diminution constante du PIB/habitant, indice que l'on peut rapprocher de celui du niveau de vie de la population locale.

IV. Les causes générales de l'échec économique

Il y a bien sûr une responsabilité importante des classes dirigeantes dans la déterioration de la situation économique de l'Afrique. Mais il n'y a pas que ça. La Banque Mondiale elle-même insiste parfois sur ce qu'elle nomme *les chocs extérieurs* non économiques, comme l'explosion démographique ou encore les causes naturelles tel que les variations climatiques. Ainsi, lorsqu'elle dit que la plupart des pays sahéliens ont des climats instables qui les font passer de périodes de prospérité à des cycles de sécheresse et de famine, il s'agit d'une constatation indéniable. Mais on ne peut changer de climat. Cette instabilité est un donné des situations africaines et il est évident qu'il faut établir, pour ces régions, des politiques agricoles qui tiennent compte de ces aléas climatiques. Ce que malheureusement les Programmes d'Ajustement ne font pas.

1. Les "chocs" extérieurs de la Banque Mondiale

Mais en réalité, lorsque la Banque Mondiale parle de *chocs*, elle entend principalement ce qui se passe à l'échelle mondiale. Un de ses refrains est, par exemple, que si la croissance n'arrive pas en Afrique, c'est parce que les taux de croissance sont trop faibles dans les pays de l'OCDE, leur demande étant trop faible. Il faudrait donc que les pays de l'OCDE accroissent cette croissance, qu'ils la *tirent* à la limite des pays africains, éventuellement par le biais d'une augmentation de l'aide fournie aux Etats africains.

Cette analyse est, du reste, très particulière. En effet, d'un point de vue purement pragmatique, cette aide *offerte* par les pays de l'OCDE devrait donc servir à relancer les exportations et la croissance du Nord, non du Sud, renfermant un peu plus encore ces derniers dans une marginalisation économique totale et les rendant entièrement dépendants des *gestes d'aumône calculés* de l'Occident. Malheureusement, on s'aperçoit souvent aussi que le taux de croissance espéré n'est pas atteint, ni d'ailleurs celui de l'aide considérée comme nécessaire pour ces pays africains. Malgré cela, on ne remarque guère d'évolution au niveau du discours de la Banque Mondiale.

2. Disparition de l'U.R.S.S. et conditionnalité démocratique

Bien sûr, une circonstance aggravante de la situation, mais qui ne peut toutefois pas être considérée comme une des causes directes de cette déterioration économique, est le problème de la fin de la guerre froide. Il est évident que celle-ci pose un problème de réaménagement géopolitique. Les Etats qui avaient l'habitude de vivre d'une certaine rente géopolitique l'ont perdue. En effet, l'intérêt pour les pays développés de payer au prix fort la non pénétration soviétique a aujourd'hui disparu. Mais, même lorsque cette aide existait pour les classes dirigeantes de certains Etats africains, durant la guerre froide, elle ne contribuait guère au développement social et économique du pays. Le fait qu'elle ait aujourd'hui disparue ne modifie donc pas fondamentalement les choses.

La disparition de la *menace* socialiste est aussi la cause de l'apparition du concept d'exigence démocratique dans les propos tant du Gouvernement américain que dans ceux de la Banque Mondiale. On parle même aujourd'hui de *conditionnalité démocratique* à l'aide extérieure, chose totalement impensable durant la guerre froide.

Bien sûr, une telle conditionnalité, dont on s'aperçoit rapidement qu'elle est à géographie variable, n'existe pour le moment que pour la galerie. En effet, prenons, par exemple, le cas du Togo. La population est descendue maintes fois dans la rue pour revendiquer cette démocratie, malgré une répression particulièrement sanglante. Or, le gouvernement a été soutenu par l'ensemble des Etats occidentaux, y compris par la France, qui n'hésite pas à qualifier de *libre et transparente* la mascarade orchestrée par le pouvoir et censée représenter un processus électoral démocratique.

3. Les Accords CE/ACP de Lomé

Par le biais du concept de *zone privilégiée* (Accords CE/ACP), l'Europe a d'une part soutenu des économies de type colonial, en les maintenant dans l'ancienne division internationale du travail et d'autre part, renforcé les gouvernements chancelants face à la pression démocratique populaire en leur accordant une série d'*aides spéciales*, généralement investies dans l'appareil répressif et la consommation de luxe, voire les comptes bancaires suisses. Mais il n'y a pas eu soutien à des transformations agricoles en profondeur ou à un effort d'industrialisation du continent.

C'est devenu une mode de montrer comment, dans un même environnement international, l'Asie du Sud-Est s'industrialisait pendant que l'Afrique *s'étatisait*. En réalité, cet environnement était non seulement défavorable à l'Afrique, mais hostile à son industrialisation comme le montre la politique européenne à l'égard de la Côte d'Ivoire. Sous la direction du Rassemblement Démocratique Africain (R.D.A.), le pouvoir ivoirien a été un allié inconditionnel de l'Occident. Pourtant, l'Union Européenne s'est opposée à la promotion d'une industrie textile d'exportation dans ce pays en lui appliquant les clauses des *Accords fibres et textiles*. L'ajustement de cette industrie s'est fait, ces dernières années, au profit du capital français.

Les relations entre l'Europe et l'Afrique subsaharienne ont été et sont donc toujours très clairement paternalistes et néo-colonialistes.

V. Les alternatives possibles

Personne n'a de recette miracle. Néanmoins, quelques principes peuvent être déduits de l'observation de l'histoire.

Au plan économique, il est impensable de penser un développement économique et social sans que l'accent soit au préalable mis sur l'agriculture vivrière, par des techniques modernes allant dans le sens d'une intensification et non dans celui d'une extensification. Bien que la Banque Mondiale soit d'avis que l'intensification n'est pas nécessaire dans le contexte africain, du fait de l'abondance des terres non encore travaillées, nous pensons au contraire qu'elle est une nécessité car d'elle dépend le développement agricole et par là même l'ensemble du processus industriel.

La révolution agricole doit être soutenue par une industrialisation qui doit présenter la caractéristique de chercher à satisfaire les besoins de la paysannerie en biens de consommation et en matériel agricole (machines et intrants), sans que cela ne suppose toutefois l'autarcie. Il s'agit d'un processus qu'il faut pouvoir maîtriser de l'intérieur, ne serait-ce que parce que l'agriculture est l'un des domaines où le transfert éventuel de technologie est le plus difficile à réaliser, du fait de son rapport étroit avec l'écologie. Il est donc primordial que ce processus soit maîtrisé localement.

La modernisation ne signifie pas simplement acheter du matériel moderne pour l'introduire à la campagne. S'introduire dans la modernité est un changement de type organisationnel, c'est une façon de tenir compte des valeurs traditionnelles tout en les intégrant dans cette évolution, dans la transformation des structures fondamentales de l'économie.

Au plan économique toujours, il est important de parler du problème de la maîtrise des données macro-économiques. Bien sûr, nous faisons la critique de la Banque Mondiale parce qu'elle constitue le principal moteur des Programmes d'Ajustements Structurels. Mais n'oublions pas que nous sommes dans un monde où les rapports de force sont à la base de beaucoup de négociations et où la fraternité joue un rôle relativement faible.

Il est primordial de s'intéresser à la gestion rigoureuse des dimensions macro-économiques parce que c'est fondamentalement la perte de contrôle sur leur évolution par l'Etat qui réduit la capacité de poursuivre les objectifs de développement. Cette exigence peut entraîner des révisions à la baisse de certains programmes sociaux. De là découle l'importance des arbitrages démocratiques de l'allocation des ressources dans l'option d'un développement autonome.

VI. Conclusion

La volonté du FMI et de la Banque Mondiale d'imposer un développement du secteur primaire - et en partie tertiaire - et non du secteur secondaire, à une région déjà en retard de développement est économiquement étonnante, même si elle est compréhensible de l'unique point de vue de l'idéologie néo-libérale. Etonnante en effet, car tous les indices s'accordent à montrer [Banque Mondiale, 1988, p.23] qu'il est économiquement plus rentable d'exporter des produits manufacturés que des produits de base, à l'exception du pétrole, et ce tant du point de vue du volume des exportations que de leur valeur unitaire, des termes de l'échange ou du pouvoir d'achat qu'elles permettent. Cette situation n'est d'ailleurs pas nouvelle.

S'il était donc économiquement irrationnel, du point de vue de l'efficacité, de tenter un développement par la méthode qui a le moins de chance d'aboutir, c'est que l'explication du choix de la Banque Mondiale et du FMI était ailleurs. Ne pouvant imaginer que les stratèges de ces deux institutions soient à ce point si peu au fait des mécanismes économiques prévalant dans le système de l'économie de marché, il est plus vraisemblable que ce choix ait été fait, parce qu'il servait d'autres intérêts que ceux des pays directement concernés. Une telle explication permet alors de retomber dans la rationnalité économique de l'idéologie néo-libérale, qui n'a, nous semble-t-il, rien à voir avec l'éthique démocratique.

Rationalité économique néo-libérale en effet, car en privilégiant le développement du secteur primaire plutôt que du secteur secondaire dans la toute grande majorité des pays *ajustés*, l'Occident permettait à la fois aux mécanismes de l'offre et de la demande de faire pression à la baisse sur les coûts d'achat de matières premières pour sa propre industrie et, ensuite, libérait (pour un temps au moins) cette dernière du risque, potentiellement important, de concurrence qu'aurait pu représenter l'industrie africaine.

Dans ce monde dirigé par les principes économiques néo-libéraux, c'est bien au niveau de l'arbitrage politique que se situe le réel défi. Car ce problème pose celui de la démocratie. Dans la mesure où, disposant de moyens limités, il faut une programmation obligatoire des projets réalisables, il s'agit de convaincre les populations du bien-fondé de ce choix. Une bonne relation entre la population et l'élite est donc essentielle, ainsi qu'une confiance réciproque. Mais, il faut évidemment que cette élite ait une légitimité réelle, qui découle de la reconnaissance par la population, ce qui pose la question de la démocratie.

Actuellement, cet arbitrage politique local réel constitue un véritable défi, vu l'état de déliquescence actuel du pouvoir politique dans la plupart des pays d'Afrique.

L'alternative va donc dans la rencontre entre une politique économique auto-centrée, ce qui ne signifie pas autarcique, un Etat qui dispose de pouvoirs d'intervention réels et dont les choix sont contrôlés par les majorités dont les intérêts vitaux sont en jeu. C'est tout le contraire de la philosophie orientant aujourd'hui les politiques d'ajustements structurels.

Une alternative à la dérive néo-libérale des programmes d'ajustement structurel s'impose donc. La réflexion avance selon deux approches. La première d'entre elles, que nous qualifions de nationaliste, partage l'économisme avec le néo-libéralisme. Pour l'essentiel, elle préfère Keynes à Friedman dans la mesure où, pour ce dernier, la seule alternative est l'application des PAS et donc la soumission complète à la logique du marché, alors que le premier légitime bien entendu le rôle régulateur de l'Etat. Mais de quel Etat s'agit-il? L'Etat africain compradore et souvent au bord de la banqueroute veut-il et peut-il avoir un pouvoir de régulation?

La deuxième approche rejette l'économisme et fait l'hypothèse méthodologique selon laquelle a) l'alternative aux programmes d'ajustement doit avoir un contenu populaire qui détermine en fait les alliances nationales qui cassent le pouvoir compradore, véhicule de la logique de marché; b) il n'y a pas de recette toute faite dans ce cadre; c) le marché étant une institution sociale, dont le rôle est de satisfaire des objectifs déterminés, l'alternative populaire et nationale l'intègre. Mais, c'est un marché approprié aux objectifs d'un développement durable qui se définit par 1) la création d'une base productive solide soudée sur la maîtrise macro-économique, la révolution agricole/agraire et une industrialisation liée; 2) la satisfaction des besoins des couches populaires; 3) la démocratisation de la vie politique, la participation de ces couches aux prises de décisions à portée locale, nationale et globale; 4) la formation d'entités étatiques d'envergure sous-régionale qui oeuvrent pour l'avènement d'un ordre mondial polycentrique. C'est l'axe de réflexion que nous développons au Forum du Tiers-Monde.

Bibliographie

1971 - Banque Mondiale, **Rapport de la Banque Mondiale 1970**.

1989 - Banque Mondiale, **Rapport de la Banque Mondiale 1988**.

1993 - Banque Mondiale, **Rapport de la Banque Mondiale 1992**.

1994 - World Bank, **Adjustment in Africa. Reforms, results and the road ahead**, USA.

- World Bank, **World Debt Tables 1993-94**, vol. 1, Washington D.C., USA.

Alternatives Sud, Vol. I (1994) 2, pp. 77-103

AJUSTEMENTS STRUCTURELS ET PROGRAMMES DE LUTTE CONTRE LA PAUVRETE EN ZAMBIE

Gilbert MUDENDA

L'économie zambienne est en déclin depuis près de dix ans. En 1992, le revenu par habitant atteignait à peine la moitié de celui de 1966. L'emploi a également chuté, malgré la forte croissance de la population, dont le total est passé de 3,4 millions en 1963 à 8,2 millions en 1992. Cette même année, la Zambie s'est vue deplacée par les Nations Unies du groupe des "pays à faible revenu" vers celui des "pays les moins développés". Ces différentes évolutions nous permettent donc d'affirmer qu'en l'espace de trois décennies, la Zambie est passée du statut de pays relativement prospère à celui d'un des Etats les plus pauvres du monde. Ceci ne veut pas dire qu'il n'y avait pas de pauvres durant la période "faste" de la Zambie. Les pauvres ont toujours existé. La différence, c'est qu'aujourd'hui le nombre de pauvres est en très nette augmentation et que le degré de pauvreté s'intensifie.

I. La stratégie de lutte contre la pauvreté de la Banque Mondiale

Dans son Rapport sur le Développement Mondial datant de 1990, la Banque Mondiale a analysé le problème de la pauvreté et défini une stratégie à deux voies pour tenter de le réduire. Il s'agit, d'une part, de la poursuite de politiques économiques devant permettre le développement d'activités génératrices de revenus pour les couches pauvres de la population et, d'autre part, d'assurer un meilleur accès de celles-ci à l'éducation, aux soins de santé ainsi qu'aux autres services sociaux. Cette stratégie inclut également un service de sécurité sociale pour les personnes les plus vulnérables.

Cette attention portée aux pauvres est en grande partie une réponse aux lourdes accusations selon lesquelles les politiques dictées par la Banque Mondiale et le Fonds Monétaire International restent généralement insensibles à la situation catastrophique vécue par des millions de gens partout dans le Tiers-Monde. De telles accusations ne sont d'ailleurs plus seulement le fait des populations elles-mêmes, mais également celui d'agences spécialisées des Nations Unies comme l'UNICEF, l'OIT et plus récemment encore le PNUD.

Malgré ce vent de critiques, la Banque Mondiale a continué d'affirmer que cet intérêt s'inscrit dans la ligne de ses préoccupations et de ses expériences précédentes, dès les années 60 avec son programme de *Redistribution dans la croissance*, et jusqu'à la *Définition des besoins humains de base* datant, elle, des années 70. Toutefois, elle reconnaît que ces différents objectifs ont été partiellement neutralisés du fait de l'émergence du problème de la dette, au début des années 80.

1. Définition de la pauvreté

Selon la Banque Mondiale, la pauvreté est habituellement mesurée par le niveau de revenus ou de dépenses qui permet un standard minimum d'existence. Dans son Rapport de 1990, deux *seuils de pauvreté* ont ainsi été établis: le seuil supérieur estimé à 370 US dollars et le seuil inférieur fixé, lui, à 275 US dollars.

Les personnes qui vivent en-dessous du seuil des 370 dollars sont définies comme *pauvres*, tandis que celles vivant avec moins de 275 dollars sont considérées comme *très pauvres*. En outre, d'autres variables telles que la santé, l'espérance de vie, l'accès à l'eau potable, le niveau nutritionnel, le taux de mortalité avant 5 ans ou encore la participation scolaire, sont inclues pour compléter les mesures de la pauvreté avec des éléments de consommation.

La Banque Mondiale a également précisé le statut de la pauvreté en fonction de trois catégories: le paysan rural qui ne produit que pour sa seule subsistance, l'habitant des bidonvilles et enfin le paysan sans terre. Bien que ces précisions permettent déjà de dessiner un certain profil du pauvre, une telle caractérisation n'indique toutefois pas que ces trois catégories représentent à elles seules la grande majorité de la population du Tiers-Monde.

2. Les Programmes d'Ajustement Structurel et la pauvreté

La Banque Mondiale manifeste une certaine difficulté à démontrer qu'il n'y a pas de connection visible entre les processus d'ajustement imposés au Sud et l'accroissement de la pauvreté dans ces mêmes pays. En effet, l'argument - peu scientifique - généralement présenté en dernier recours est que sans ces programmes, la situation serait sans doute pire encore. Or, même s'il est vrai que la pauvreté était déjà présente avant la mise sur pied des Programmes d'Ajustement Structurel, il n'en reste pas moins que cette pauvreté a fortement augmenté depuis leur mise en oeuvre, tout comme d'ailleurs le nombre de personnes vulnérables.

II. La situation des pauvres et des groupes vulnérables en Zambie

Lorsque l'on tente de définir cette catégorisation de *pauvre* ou de *vulnérable*, il est au préalable nécessaire de spécifier quelques caractéristiques propres au pays. En premier lieu, la Zambie est un Etat relativement urbanisé puisque près de 50% de la population vit en zone urbaine bien que la moitié de celle-ci se trouve concentrée dans des bidonvilles. Ensuite, la population zambienne est relativement jeune: près de la moitié n'a pas seize ans. Cela signifie, par conséquent, un taux de dépendance économique particulièrement élevé.

En troisième lieu, la Zambie est un vaste pays, d'une superficie de près de 753.000 Km2. Très peu de zones rurales ont donc un problème de disponibilité en terres et le phénomène de *paysan sans terre*, selon les termes de la Banque Mondiale, y est donc inexistant. Ceci ne veut pas dire pour autant que toutes les terres cultivées soient hautement productives et, de fait, l'agriculture de subsistance constitue toujours la part la plus importante de l'économie rurale zambienne.

Enfin, la Zambie a été au départ destiné à servir de réservoir de main-d'oeuvre à bon marché pour les mines et les plantations sud-africaines, zimbabwéennes, zaïroises et, dans une moindre mesure, tanzaniennes. Par la suite, cette main-d'oeuvre a été réorientée vers l'industrie minière zambienne ainsi que vers les quelques fermes commerciales qui produisaient des aliments pour les mines et les plantations de tabac dans le Sud et l'Est du pays.

La Zambie possède donc une importante population urbaine, un secteur agricole très peu développé ou diversifié ainsi qu'une économie rurale qui reste largement de subsistance, en particulier dans les régions exportatrices de main-d'oeuvre. Dans ces dernières, pourvoyeuses de force de travail pour l'économie urbaine, on constate ainsi une nette prépondérance de ménages gérés par des femmes seules.

L'état de la pauvreté en Zambie a été quantifié en fonction d'un seuil de pauvreté déterminé par différents indicateurs, tel que le prix officiel des biens de consommation de base nécessaires au maintien de la balance nutritionnelle d'une famille moyenne. Ce seuil de pauvreté est périodiquement redéfini, de manière à prendre en compte le taux d'inflation, la structure salariale, ainsi que le prix des différents produits agricoles.

1. Définition des groupes vulnérables

Définir qui doit être considéré comme pauvre en Zambie a toujours été très difficile. En premier lieu, les données nécessaires ne sont jamais ni très explicites ni très fiables. Ensuite, le gouvernement s'est montré politiquement incapable d'admettre la dimension du phénomène ainsi révélé. En effet, si l'on utilise le seuil établi par la Banque Mondiale, de 275 dollars, 80 % de la population zambienne doit être qualifiée de *pauvre*. Enfin, ce seuil ne prend toujours pas en compte d'autres indicateurs également déterminant de la qualité de la vie, tel l'accès aux services publics de base, à l'eau potable ou aux installations sanitaires.

Toutefois, il est aujourd'hui généralement admis que les pauvres en Zambie sont bien ceux qui vivent sous le seuil de pauvreté tel que défini, et qu'ils représentent les sans-emploi, les bas revenus et les paysans de l'agriculture de subsistance. Dans les centres urbains, les pauvres se concentrent dans les bidonvilles, tandis que dans les régions rurales on les retrouve principalement dans les vallées et le long des rivières - c'est-à-dire dans des lieux soumis tant à la sécheresse qu'aux inondations - ainsi que dans les endroits trop éloignés des lignes ferrovières où une agriculture commerciale ne peut être pratiquée faute d'accès au marché national.

Les populations aussi bien rurales qu'urbaines sont également très vulnérables aux maladies vu leur faible accès à l'eau potable, aux services médicaux préventifs et curatifs et à leur incapacité à s'assurer un apport calorique adéquat. Ces groupes accusent donc un taux de mortalité infantile très élevé et une espérance de vie relativement courte. L'accès au système éducatif est également très faible du fait des difficultés d'approvisionnement et des longues distances en milieu rural. Il en est de même des acccès aux services sanitaires, à un logement décent et aux équipements culturels existants.

2. Evolution générale des groupes vulnérables

Les groupes pauvres et vulnérables traditionnels ont augmenté en nombre depuis le commencement de la crise économique, au début des années 70. Par la suite, d'autres groupes fragilisés sont encore apparus. Nous y trouvons actuellement les travailleurs dont les revenus se sont vus érodés par les taux d'inflation trop élevés et la constante dévaluation de la monnaie nationale, les personnes agées qui ont vu leur pension perdre de sa valeur pour les mêmes raisons, les petits indépendants qui ne peuvent plus trouver de crédit ni payer les coûts de transports en hausse, ainsi que les petits producteurs agricoles ruinés par la combinaison de coûts élevés en matière d'intrant et des prix de vente réduits de leur production agricole. Tous ces groupes qui, autrefois, se situaient bien au-delà du seuil de pauvreté, ont aujourd'hui rejoint les rangs des pauvres et des vulnérables traditionnels.

Pour illustrer de manière plus concrète cette évolution, nous pouvons prendre l'exemple des professeurs et des infirmières. Ils étaient en effet, autrefois, rangés parmi les salariés de la classe moyenne et jouissaient d'un style de vie comparable à celui de la classe moyenne inférieure, selon les normes internationales. Ils avaient accès à un logement décent et pouvaient espérer une retraite leur garantissant un revenu raisonnable. Aujourd'hui, tant les professeurs que les infirmières gagnent approximativement la même chose, si pas moins, que les travailleurs domestiques (cuisiniers, domestiques et garde-d'enfants); à Lusaka, ils ne peuvent même plus se payer une chambre de domestique et leur revenu mensuel de retraité est moindre que le prix du ticket de bus nécessaire pour aller le retirer au bureau de poste.

Cette déterioration constante dans les standards et la qualité de vie de la population zambienne s'est fortement accélérée durant ces dix dernières années. L'extrême pauvreté qui a frappé les groupes traditionnels d'exclus a été particulièrement prononcée dans les zones urbaines. Cette situation s'est encore compliquée par le fort taux de migration des campagnes vers les villes, par la chute dans le nombre de personnes ayant un emploi et par le manque d'aide publique pour les personnes victimes du non-emploi.

Un des résultats de cette croissance de la pauvreté en milieu urbain a été l'augmentation du nombre de sans-abri et autres clochards. Comme ils n'ont plus de source de revenu, ils fouillent les poubelles des marchés, hôtels et autres institutions publiques pour se nourrir. En outre, un nouveau phénomène social concernant les enfants est récemment apparu, les transformant en petits vendeurs ambulants, gardiens de voiture ou fournisseurs de tout autre service personnalisé. Une récente étude sur ces *enfants des rues* a estimé leur nombre à environ 35.000 pour l'ensemble du pays.

3. Facteurs contribuant à la croissance de ces groupes

Les facteurs contribuant à l'accroissement rapide du nombre de pauvres ainsi qu'à leur distribution spatiale sont nombreux et variés. Les plus importants sont sans aucun doute la contraction générale de l'économie, la perte de pouvoir d'achat pour une grande majorité de la population, l'incapacité du gouvernement à assurer des services sociaux et infrastructurels de base ainsi que la marginalisation des pauvres exclus d'une participation active sur la scène politique.

La réponse du gouvernement zambien à la crise économique fut l'adoption de politiques qui menèrent finalement à une contraction de l'économie nationale. La production industrielle chuta du fait de la sous-utilisation de l'appareil productif. Parallèlement à cela, la production agricole déclina à cause de la hausse du prix des intrants alors qu'en même temps le prix de vente des produits agricoles restait bas du fait des contrôles officiels.

La production diminuant, l'emploi fit de même. En outre, les revenus se virent érodés par l'inflation et les dévaluations successives. Une perte drastique du pouvoir d'achat de la population en résulta. Cette réduction de la capacité populaire à acheter des biens et des services contribua également au manque de stimulation du secteur productif, de même qu'à l'incapacité de l'Etat à subvenir aux coûts d'entretien des services publics essentiels tels que la santé ou l'enseignement. Ceci, en retour, est une conséquence de certaines politiques adoptées pour tenter de juguler l'inflation ainsi que l'énorme déficit budgétaire, car elles ont surtout consisté à diminuer les dépenses d'ordre social et les subsides alloués aux groupes les plus démunis de la population. Par conséquent, le coût de l'ajustement est bien, dans une large part, supporté par les secteurs les plus pauvres de la société.

La réduction du rôle de l'Etat qui s'en est suivie, tant dans le secteur économique que social, a également contribué à son incapacité croissante à investir dans le développement infrastructurel du pays, en particulier le système routier, les communications ou encore l'énergie. Le gouvernement a également été incapable de développer les services qui auraient pu ouvrir de nouvelles opportunités de relance de la production. Il est ainsi bien connu que la Zambie possède un important potentiel agricole, mais le gouvernement n'a plus les moyens de poursuivre des relevés des terres qui permettraient pourtant de faciliter une augmentation de la production agricole commerciale. La même chose peut d'ailleurs être dit en ce qui concerne le développement du secteur minier, du tourisme ainsi que des petites entreprises manufacturières.

Plus important encore, on a assisté à une marginalisation de la population, et particulièrement des secteurs les plus pauvres, au sein du processus politique et de prise de décision. Ainsi, jusqu'à la victoire du multipartisme, en 1991, le système politique national est resté dominé par une bureaucratie de parti qui, elle-même, était dominée par la tête du parti. Aucune possibilité n'a donc été laissée à la voix du peuple pour s'exprimer.

En outre, la dette extérieure et le rôle des agences d'aide augmentant, la participation populaire au processus de décision a encore diminuée de manière importante. Il n'est pas exagéré de dire, aujourd'hui, que malgré l'introduction de la démocratie politique dans le pays, il n'y a toujours que peu de décisions prises en Zambie qui ne soient pas directement inspirées ou autorisées par des experts étrangers et par les institutions financières internationales. Cette situation contribue, elle aussi, à l'aliénation du personnel local participant au processus de développement.

Bref, on peut donc affirmer que la pauvreté va rester un des problèmes majeurs du développement du pays. Il en sera d'ailleurs ainsi tant qu'existera une déterioration de la qualité de vie de la grande partie de la population. Par ailleurs, les conséquences de cet appauvrissement sont aussi sérieuses pour la croissance économique du pays, cette dernière étant en effet illusoire sans le développement d'une économie de base qui inclut également un pouvoir d'achat réel pour la partie la plus pauvre de la population, c'est-à-dire, dans le cas zambien, la majorité des habitants du pays.

III. L'impact des réformes structurelles

Les mesures de réforme structurelle ont, sans aucun doute, eu différents effets sur la politique zambienne. Ils varient cependant en fonction des groupes économiques, des régions et du type de ménage.

1. L'incidence sur les ménages

Les conséquences des réformes structurelles entreprises à l'échelon national et décrites ci-dessus se traduisent également au niveau des ménages individuels. Une récente enquête réalisée par la Commission des Prix et des Revenus vient ainsi de révéler qu'une famille zambienne moyenne dépense près de 70% de ses revenus en nourriture. Ce chiffre ne nous permet toutefois pas de savoir si la quantité de nourriture achetée suffit à procurer l'apport nutritionnel nécessaire. Certaines indications nous permettent d'ailleurs de penser qu'il n'est pas suffisant. Ceci dit, ce pourcentage indique également que les ménages n'ont généralement pas assez de revenus pour pouvoir financer les autres dépenses nécessaires à leur existence (logement, santé, éducation...). Enfin, depuis la publication de ce rapport, les prix des produits alimentaires ont encore considérablement augmentés, ce qui donne aujourd'hui à penser que le pourcentage des revenus nécessaires à la seule alimentation d'un ménage a dû, lui aussi, encore augmenter.

En d'autres termes, on peut donc dire que les revenus des Zambiens suffisament chanceux pour être encore salariés sont aujourd'hui presqu'uniquement dépensés en achats de nourriture, ce qui signifie aussi qu'il leur faut renoncer aux autres dépenses nécessaires à l'existence, telles que l'éducation, la santé, les vêtements ou encore le logement, ou bien trouver une autre stratégie de survie pour pouvoir en payer le prix (vendeur de rue, mendiant, voleur...), voire encore accepter, si on a cette possibilité, de dépendre d'autres membres de la famille plus fortunés.

2. L'incidence sur la paupérisation

On peut en tout cas affirmer que chacun des programmes de réforme mis en place a eu des conséquences sur les familles pauvres. Les principales réformes associées au processus d'ajustement sont: la dévaluation de la monnaie, une hausse des taux d'intérêt, un stock monétaire réduit, une diminution des dépenses de l'Etat, des quotas d'importation et tarifaires bas, la privatisation des entreprises parastatales et la promotion des exportations.

- La réduction des dépenses publiques

Une réduction des dépenses publiques utilisée en tant qu'instrument politique doit aboutir à une diminution de la demande économique et dès lors contribuer au contrôle de l'inflation. En réalité cependant, on remarque que ces mesures d'austérité n'affectent pas directement les composantes les plus coûteuses du budget de l'Etat, à savoir les dépenses militaires, les privilèges de la partie la plus riche de la société et qui incluent de nombreux voyages aériens en première classe, de plantureux *per diem* durant les voyages officiels, des traitements médicaux gratuits, un logement ainsi qu'une mise à disposition d'un véritable staff de domestiques et une utilisation illimitée de voitures *de fonction*.

A l'inverse, ces mesures affectent directement les secteurs sociaux et l'infrastructure économique, deux domaines fortement liés à la situation des plus pauvres. Cela signifie alors de sévères diminutions dans les secteurs de l'éducation et de la santé, dans l'entretien des installations de santé, et dans l'approvisionnement en eau et en électricité, ainsi que dans l'entretien des routes et des moyens de transport public. Toutefois, la conséquence la plus sinistre de ces coupures budgétaires est qu'elles affectent directement un capital fixe et son entretien, et qu'il faut plusieurs années avant que l'impact réel ne devienne visible. Mais une fois le phénomène de détérioration enclenché, il devient alors très difficile de redresser la situation, parce qu'il n'y a plus assez d'argent pour permettre une réhabilitation en profondeur des différents secteurs qui ont été affectés.

En outre, et dans ce contexte où le gouvernement est en même temps le premier employeur et le premier acheteur de biens et de services du pays, des coupures drastiques dans les dépenses de l'Etat affectent de manière claire le pouvoir d'achat d'une partie importante de la force de travail zambienne, affaiblissent les industries locales et contribuent à la détérioration de l'infrastructure nationale. Les écoles sont surpeuplées, délabrées, les professeurs sont démoralisés et préfèrent aller tenter leur chance dans les pays voisins. Parallèlement, les hôpitaux aussi sont surpeuplés, on assiste à une pénurie de médicaments et certains services vitaux tels que chaudières, salles d'opération, laboratoires ou encore les équipements de radiographie ne sont plus en état de fonctionner. Qui plus est, des fondrières minent les routes, les robinets sont à sec, les coupures d'électricité deviennent la norme durant la journée et les systèmes de ramassage des ordures ne fonctionnent plus.

Cependant, alors que les services publics disparaissent petit à petit, des écoles et des cliniques privées pour riches font, elles, leur apparition dans tout le pays. Et puisque l'eau des canalisations publiques devient malsaine et dangereuses à consommer, les nantis du système installent leurs propres réservoirs et leurs propres canalisations pour alimenter leurs maisons particulières.

- La libéralisation des importations

La libéralisation des importations s'est effectuée par l'annulation des dispositions légales instaurées afin de protéger le tissu industriel local, tels que des tarifs douaniers élevés ou encore des quotas d'importation, différentes mesures datant en fait des beaux jours de la politique de substitution aux importations.

L'objectif de ces nouvelles réformes est d'accroître la compétitivité au plan international et d'augmenter la productivité locale. Cette politique de réforme est d'ailleurs étroitement liée à celle de la promotion des exportations. Cependant, les conséquences d'une telle politique pour une économie comme celle de la Zambie ont été d'encourager l'importation de biens de luxe, de dégrader le tissu industriel local, ainsi que d'accroître la production agricole non-alimentaire destinée à l'exportation. Vue sous un autre angle, la libéralisation a donc favorisé les commerçants par rapport aux producteurs locaux de biens de première nécessité, ainsi que les producteurs de produits agricoles d'exportation, non-alimentaires, par rapport aux producteurs de biens agricoles de consommation locale.

Ainsi, en Zambie, les importateurs de produits *de luxe* tels que cannettes de bière et autres plats alimentaires pré-cuisinés originaires d'Afrique du Sud, peuvent aujourd'hui les vendre sur le marché intérieur et réaliser plus de bénéfices et plus rapidement que ne peuvent le faire les entrepreneurs locaux important des biens destinés à une production locale. Parallèlement, les cultivateurs de produits d'exportation comme les fleurs coupées, les épices et autres productions non-alimentaires, bénéficient de mesures d'incitation à la production telles que l'autorisation de garder la totalité des devises que rapportent leurs exportations, alors que les producteurs agricoles de biens de consommation, dont les prix restent contrôlés par le gouvernement, ne bénéficient d'aucune mesure similaire.

L'encouragement de l'importation de biens de luxe affaiblit de manière indirecte l'accès des pauvres aux biens de consommation produits localement. En effet, il provoque des pénuries en biens essentiels, ces derniers ne se trouvant plus qu'au *marché noir* où les prix sont beaucoup plus élevés. Parallèlement, l'encouragement des cultures d'exportation sape la politique d'auto-satisfaction alimentaire du pays en réduisant la production des cultures alimentaires de base. Les pénuries qui s'en suivent provoquent alors des hausses de prix qui placent ces produits hors de portée du pouvoir d'achat des plus démunis et principalement de ceux vivant dans les zones urbaines, qui n'ont donc pas de terre à cultiver pour leurs besoins personnels.

- La dévaluation

La dévaluation de la monnaie nationale constitue une autre de ces mesures encouragées par les programmes d'ajustement. L'objectif, ostensible, de cette politique est d'accroître les exportations et de diminuer les importations. Dans un pays comme la Zambie, fortement dépendant de ses importations et dont la majorité des exportations est calculée en devises, cette politique entraîne de fait une déstabilisation économique très nette. La conséquence la plus visible de celle-ci est la réduction du pouvoir d'achat de la population sous forme de réduction indirecte de ses revenus. Ensuite, cette mesure provoque également une spirale inflationniste des prix des produits de base.

En outre, une dévaluation de la monnaie nationale va en provoquer d'autres inéluctablement, ce mécanisme résultant de l'instabilité économique qu'engendrent la spéculation, la fuite des capitaux et l'inflation dans les marges de profit des commerçants, entrepreneurs et autres producteurs. Ceux-ci essayent en effet, de se prémunir contre les effets des dévaluations à venir, contribuant ainsi à leur tour au cercle vicieux de l'inflation. Ce sont donc bien à nouveau les groupes les plus faibles qui voient leurs revenus s'éroder et leur pouvoir d'achat chuter, principalement du fait de leur impossibilité à se prémunir, eux, des effets de ces dévaluations.

3. L'allocation des dépenses publiques aux services sociaux de base

Durant la dernière décennie, les dépenses globales de l'Etat ont très nettement diminuées. Pour illustrer ce fait, nous allons nous intéresser aux services sociaux les plus évidents mais également les plus essentiels, touchés par cette réduction: l'éducation et la santé.

La part des dépenses publiques consacrée au secteur social est en diminution depuis le début des années 80. Ceci est principalement dû aux taux d'inflation élevés ainsi qu'aux constantes dévaluations. La somme allouée par l'Etat, à prix constants, à l'ensemble du secteur social est donc en très net recul. Ainsi, par exemple, le budget de 1991 représentait à peine la moitié de celui de 1982. Cette chute dans les dépenses publiques a été particulièrement sévère et sensible dans les domaines de la santé et de l'éducation. La diminution enregistrée, entre 1982 et 1989, a ainsi été de 71% pour l'éducation, et 59% pour la santé.

- La diminution des dépenses dans le domaine social

Ces réductions signifient, en termes absolus, qu'en 1982 le gouvernement a dépensé 48.3Kwanza[1] par habitant en matière d'éducation, et que cette somme est tombée à 11.1K en 1989. Dans le secteur des soins de santé, ce montant est passé de 26.1K à 8.5K durant la même période. Mais ces chiffres ne donnent cependant qu'une vision partielle de la réalité. Plus concrètement, cela veut dire qu'actuellement la majorité des classes des écoles primaires du pays compte près de cinquante enfants, assis à même le sol et sans cahier, livre ou crayon aucun. Parallèlement, cela signifie que les centres de santé ruraux sont aujourd'hui des bâtiments complètement délabrés, sans équipement ni médicament, et qui jouent le rôle de centres de triage pour les services hospitaliers du district le plus proche, également débordés et en manque de médicaments.

Tableau 1

Dépenses réelles dans les domaines de la santé et l'éducation
(Prix constants de 1984 - Millions K.)

	Budget total de l'Etat (1)	Education (2)	Santé (3)	Education % (2/1)	Santé % (3/1)
1981	1961.3	212.3	108.5	10.8	5.5
1982	2189.0	294.6	159.1	13.5	7.3
1983	1741.0	265.2	127.6	15.2	7.3
1984	1484.6	249.3	112.3	16.8	7.6
1985	1525.3	204.8	102.0	13.4	6.7
1986	2051.4	165.1	85.2	8.0	4.2
1987	1460.5	150.0	87.7	10.3	6.0
1988	1328.2	114.9	103.0	8.7	7.8
1989	965.0	83.7	64.5	8.7	6.7

Sources: Budget Office, Ministère des Finances (Carlos Escribano, 1991, 9).

1. 1 USD = 180 Kwanzas.

- Les effets dans le domaine de l'éducation

Dans le secteur de l'éducation, l'allocation publique, déjà peu importante, s'est principalement réorientée de l'enseignement primaire vers l'enseignement secondaire et universitaire. On a également assisté à une diminution nette du budget alloué à l'enseignement technique et professionnel. Ceci est en grande partie dû au fait que les diplômés techniques et professionnels n'ont pas été en mesure de s'assurer un emploi formel, malgré leur diplôme, à cause de la dégradation économique du pays. Dès lors, un certain nombre de cycles scolaires ont aujourd'hui disparus parce que l'économie zambienne n'est plus capable d'intégrer cette main-d'oeuvre spécialisée arrivant annuellement sur le marché du travail.

Tableau 2

Distribution nationale du budget de l'éducation

	1980 %	1989 %
Enseignement primaire	45.5	32.2
Enseignement secondaire	22.5	26.6
Ecole normale	3.1	3.6
Enseignement technique	7.3	4.6
Enseignement universitaire	10.8	17.3
Bourses	2.0	3.9
Autre	8.9	11.9

Entre 1981 et 1990, plus de 91% des dépenses totales pour l'éducation le furent pour les dépenses courantes, la majorité d'entre-elles représentant les salaires à payer aux professeurs. Ceci a provoqué une diminution du nombre de places pour les élèves, surtout dans les centres urbains où la population grossit rapidement. Alors que les zones rurales offrent un ratio positif de places, l'accès à celles-ci est, dans le cas des familles pauvres, particulièrement affaibli du fait des longues distances à parcourir pour rejoindre l'école, de même que par les frais, prohibitifs, de scolarité à payer pour les écoles secondaires, la majorité de celles-ci étant des pensionnats.

- Les effets dans le domaine de la santé

Dans le domaine de la santé également, on a assisté à une réorientation budgétaire des services de santé de base et préventifs vers les services de soins curatifs. Cette réorientation s'explique en partie par le pourcentage disproportionné en dépenses courantes. Cependant, si l'on inclut d'autres services sociaux tels que l'approvisionnement en eau potable et l'entretien de l'infrastructure sanitaire, la dégradation globale des services médicaux de base est encore encore plus flagrante.

Tableau 3

Distribution du budget national de la santé

	1986 %	1990 %
Soins de base	37.1	24.0
Soins curatifs	36.0	36.4
Administration	26.8	39.6

Derrière ces chiffres se cachent en fait encore une autre réalité: celle des grands hôpitaux des centres urbains qui reçoivent le plus gros du budget national alloué au secteur de la santé. Il y a actuellement beaucoup plus de personnel de santé et de lits par 10.000 habitants dans les zones urbaines que dans les zones rurales, et la même chose pourrait d'ailleurs être dite en ce qui concerne l'approvisionnement en médicaments ou l'accès aux services médicaux de base.

- Les dépenses publiques en tant qu'instrument politique

Les dépenses publiques ont toujours été utilisées en tant qu'instrument politique par le gouvernement. Après l'indépendance, le gouvernement zambien a utilisé celles-ci pour promouvoir les services sociaux dans les régions que le colonisateur avait négligé. Les domaines de l'éducation et de la santé ont donc été l'objet d'une attention particulière durant la période qui a suivi l'indépendance du pays. De nouvelles écoles, primaires et secondaires, ont été construites, et l'on a *révolutionné* l'enseignement technique en un très court laps de temps. Parallèlement, de nouveaux hôpitaux ont été bâtis, de même que des centres médicaux ruraux. En même temps on a fermé les cliniques privées, la médecine devant être au service de tous, sans discrimination aucune.

Avec le développement de la crise économique, il devint vite évident que le gouvernement ne pourrait plus offrir des services de qualité sans l'introduction d'une politique de partage des coûts. Cependant, ce fut l'adoption des programmes d'ajustement qui lui servit de prétexte pour diminuer la part budgétaire du secteur social. A nouveau, les dépenses publiques furent utilisées comme instrument politique.

Le nouveau gouvernement essaye également, aujourd'hui, d'utiliser ce budget de manière instrumentale mais dans le sens d'un accroissement des budgets sociaux cette fois. D'une certaine manière, on peut donc dire qu'il y a, actuellement, une correspondance entre cette orientation et les initiatives politiques des fournisseurs d'aide de la communauté internationale ainsi que des institutions financières internationales, qui affirment que des politiques de réforme structurelle ne peuvent fonctionner ou être acceptées sans investissement dans les secteurs sociaux. On a pu ainsi constater une augmentation sensible, dans le budget 1992, de l'allocation destinée tant à l'enseignement qu'à la santé. Ce montant a, en outre, encore été augmenté de différentes ressources additionnelles provenant, en majeure partie, des donateurs internationaux sous forme d'aides pour l'approvisionnement en médicaments ou la réhabilitation des cliniques, hôpitaux et autres écoles.

IV. La réponse du gouvernement et des autres acteurs-clés de la lutte contre la pauvreté

Le gouvernement zambien a, dans le passé, pris comme attitude que la lutte contre la pauvreté dans le pays était sa principale et seule responsabilité. Dès lors, il s'est fortement investi dans le développement des secteurs sociaux et infrastructurels. Entre 1964 et le début des années 1970, il a investi d'importantes ressources dans l'éducation, la santé, les routes, les chemins de fer, l'énergie et les communications. En outre, et dans le but d'accroître l'accès à l'éducation et aux services de santé, ceux-ci étaient entièrement gratuits.

Dans l'optique d'assurer un accès bon marché à la marchandise, le gouvernement a également décidé de contrôler les prix des produits agricoles, ceux des biens de première nécessité étant dès lors non seulement contrôlés mais également subsidiés. Les impôts fonciers ont été réduits de manière significative, de même que la taxe sur les bénéfices des entreprises agricoles. En outre, les intrants agricoles ont également été subsidiés, les importations de matériel agricole étant exemptées de taxe pendant que les prix des semences et des fertilisants étaient plafonnés.

Les hôpitaux ont été pris en charge par les Eglises alors que l'Etat s'occupait du secteur de l'éducation. On peut d'ailleurs affirmer que le gouvernement a, dans les premiers temps, essayé d'exclure les ONGs en les empêchant de jouer un rôle-clé dans la provision des services sociaux à la population.

Cependant, avec la crise pétrolière, il devint rapidement évident que le gouvernement ne pourrait plus fournir longtemps de pareils services à la communauté. Mais, du fait de son engagement idéologique pour une distribution équitable, il ne pouvait non plus introduire une discrimination obligeant les personnes capables de payer ces services à le faire, tandis que l'Etat continuait à assurer des services gratuits pour les plus démunis. En conséquence, toute cette infrastructure sociale, qui avait pourtant coûté si chère, commença à se délabrer.

Cette dégradation fut à ce point importante que les ONGs commencèrent à participer à la fourniture des services sociaux, principalement à ceux que l'Etat ne pouvait plus se permettre d'assurer. L'Association des Parents et des Professeurs entama ainsi un rôle plus actif dans la construction et la maintenance des écoles. Les communautés se mirent à bâtir leurs propres centres de santé. En outre, les agences d'aide bilatérales commencèrent à jouer un rôle prépondérant dans l'approvisionnement en matériel éducatif et de santé, ainsi que dans l'approvisionnement en eau potable.

Cette situation combinant un secteur social fort développé et gratuit et des programmes d'ajustement structurel qui imposaient de sérieuses diminutions dans les dépenses de l'Etat, eut pour conséquence que le secteur passa entre les mains des agences bilatérales dans de nombreuses régions du pays. Le gouvernement n'avait plus les moyens d'assurer les dépenses courantes inhérentes à ces services, ni d'ailleurs celles du matériel ou de l'équipement. Dès les années 1980, la majeure partie des dépenses en soins de santé et d'éducation a donc été assurée par ces *donateurs*.

La dévaluation constante de la monnaie nationale contribua encore à éroder les revenus des travailleurs du secteur public. Ceci eut pour conséquence d'entamer le moral des fonctionnaires. La dégradation du niveau de vie des professionnels de l'enseignement et du secteur de la santé provoqua une émigration massive des professeurs, docteurs et autres infirmières vers les pays voisins qui payaient des salaires plus élevés. En retour, cette émigration affecta la qualité des services à travers tout le pays.

Ces vingt-cinq ans d'enseignement gratuit avaient fait de la Zambie un des pays les plus avancés de la région en ce qui concerne la formation de la main-d'oeuvre. La détérioration des standards de vie, particulièrement sensible chez les personnes qualifiées, a donc empêché la Zambie de continuer à goûter aux bénéfices des efforts entrepris au lendemain de l'indépendance.

Mais par ailleurs, la tradition d'un gouvernement habitué à jouer le rôle du *grand frère* a également empêché le développement du rôle des ONGs en faveur des plus pauvres. Mis à part l'action des Eglises dans le domaine hospitalier et de quelques écoles secondaires, le gouvernement n'a guère encouragé durant cette période les ONGs présentes dans le secteur social. Dès lors, celles-ci - et particulièrement celles travaillant à la base dans les communautés - n'ont pu développer une réelle capacité de réponse aux besoins des plus démunis.

1. Les programmes d'aide du gouvernement et de la Banque Mondiale et leur signification

Il existe dans le pays quatre programmes dont le but est d'atténuer les impacts majeurs des Politiques d'Ajustement Structurel sur les pauvres. Il s'agit 1/du Programme d'Action Sociale, 2/du Fonds de Recouvrement Social, 3/de l'Unité Micro-Projets et 4/d'un Fonds d'Aide établi au sein du nouveau Ministère du Développement de la Communauté et du Bien-Etre Social.

- Le Programme d'Action Sociale

Le Programme d'Action Sociale a été constitué en 1990 afin de minimiser les effets négatifs de l'ajustement sur les groupes les plus pauvres et les plus vulnérables du pays. En 1991, la plus grande partie de son activité fut consacrée à la définition de ses modalités structurelles et opératoires.

Ce programme est destiné aux pauvres, et plus particulièrement à ceux qui sont directement affectés par les mesures d'ajustement (les *conjoncturellement pauvres*), ainsi qu'à ceux qui étaient déjà, initialement, pauvres mais dont la situation s'est encore aggravée (les *structurellement pauvres*). Par la suite, ces deux groupes ont été redivisés en différents secteurs prioritaires:

- les ménages pauvres dirigés par une femme;
- les petits cultivateurs ruraux;
- les ménages ruraux des zones à *risque environnemental* telles que sécheresse et inondation;
- les ménages urbains et péri-urbains à bas revenu;

- les personnes âgées, handicapées ou malades chroniques, y compris les personnes atteintes du SIDA et leur famille;
- les sans-emplois;
- les jeunes, et particulièrement les enfants de moins de 5 ans.

Ce Programme d'Action Sociale est coordonné par un comité d'organisation comprenant des représentants du gouvernement (la Commission Nationale de Planification du Développement - CNPD), des groupes de travail, de même qu'un représentant des ONGs, ainsi que des donateurs de la communauté internationale.

Au niveau national, le programme s'opérationnalise autour d'un certain nombre de groupes de travail définis sectoriellement: la santé; l'éducation, l'eau et l'infrastructure sanitaire; la sécurité alimentaire et la nutrition; le revenu et l'emploi; la femme et le développement.

Chaque groupe de travail est coordonné par une ligne ministérielle et assisté par un donateur prépondérant. Ces derniers sont sélectionnés sur base du rôle de leur programme d'aide dans le secteur concerné. Les critères de financement des projets du Programme d'Action Sociale sont l'utilité du coût, l'orientation vers une utilisation de la main-d'oeuvre locale, la possibilité de générer des revenus et la viabilité. En outre, chaque secteur est divisé en axes prioritaires: objectifs politiques, objectifs à court terme et objectifs à moyen terme.

Cependant, après la définition des objectifs du Programme, de ses structures opérationnelles et de ses priorités, l'ensemble du mécanisme a été suspendu du fait des incertitudes que faisaient planer les élections. Tant le gouvernement que les donateurs étaient incertains de l'issue de celles-ci et donc de l'avenir dudit Programme. Les groupes de travail ne se sont d'ailleurs remis à fonctionner qu'il y a peu.

Quoi qu'il en soit, le caractère sérieux de ce Programme reste encore à démontrer, vu que le gouvernement n'a toujours pas alloué ni les ressources obligatoires à son bon fonctionnement, ni la capacité institutionnelle nécessaire pour promouvoir et exécuter les projets tombant dans le cadre de ses activités. Les pouvoirs publics ont seulement débloqué une somme forfaitaire de 500 millions de Kwanza, somme minime au vu de l'énormité de la tâche. Elle n'égale d'ailleurs même pas le montant des dons de la communauté donatrice, sauf dans le cas du secteur de la santé. Le secrétariat du Programme d'Action Sociale reste aussi encore et toujours assuré par une seule personne.

Enfin, aucune recherche n'a jusqu'à présent été effectuée afin d'orienter ces maigres sommes vers les personnes qui en ont le plus besoin. Durant les derniers mois de 1992, ces programmes n'ont d'ailleurs été les victimes d'abus de la part de politiciens influents, qui ont utilisé ces ressources sous forme de *dons* pour leurs électeurs potentiels. Il s'agit certainement là de la forme la plus cynique et la plus innommable d'utilisation de fonds censés aider les plus pauvres.

- Le Fonds de Recouvrement Social

Le Fonds de Recouvrement Social a également été constitué, en juillet 1991, dans le cadre des efforts de la Banque Mondiale pour limiter les impacts négatifs des programmes d'ajustement, particulièrement dans le domaine social. Initialement, il a en fait commencé à fonctionner sous le paravent de l'Unité Micro-Projets (UMP). Au début de 1992 cependant, le Fonds fut séparé de l'Unité et il possède aujourd'hui ses propres statuts opérationnels.

Le Fonds de Recouvrement Social inclut deux autres composantes plus spécifiques: les Enquêtes et le Fonds d'Etudes. L'unité Enquêtes travaille en collaboration avec l'Office Central des Statistiques et a aidé au financement des *Enquêtes sur les priorités* (1991-1992-1993), de l'*Enquête sur les Ménages* ainsi que d'autres collectes de données sur l'évolution de la pauvreté dans le pays. Cette première composante dispose d'un budget annuel de 2 millions de dollars et est financé par la Norvège. Les résultats de la première de ces enquêtes ont enregistré un retard considérable dans la publication, du fait de problèmes dans l'analyse des données.

Le Fonds d'Etudes est, quant-à-lui, destiné à subsidier de petites recherches dans les domaines de la détermination des bénéficiaires, l'analyse de la pauvreté, la sécurité alimentaire des ménages, les mécanismes des prix ainsi que l'impact des politiques d'ajustement sur les femmes. Ces petites études ont pour objectif de renforcer l'analyse politique officielle par l'utilisation de données nouvellement collectées au départ de ces enquêtes, ainsi que d'autres déjà disponibles mais pas encore analysées. Le Fonds d'Etudes dispose d'un budget de 1.2 millions de dollars et est financé par SIDA. Jusqu'à présent, très peu d'enquêtes ont été commandées et les résultats n'ont pas encore été publiés, ce qui nous laisse donc dans l'impossibilité de juger de la qualité et de la valeur potentielle de ces études dans le cadre d'un conseil au politique.

La composante principale du Fonds de Recouvrement Social dispose d'un budget de 20 millions de dollars sous forme de facilités de crédit de la part de l'IDA. Ces fonds peuvent être utilisés dans le cadre des projets concernant: l'éducation; la santé; l'infrastructure; l'approvisionnement en eau; la sécurité alimentaire; les petites et moyennes entreprises.

En date de mars 1991, un peu plus, seulement, de seize millions de K. avaient été utilisés. Le tableau suivant montre la ventilation de ces dépenses.

Tableau 4

Financement des projets par la Banque Mondiale au 31.03.92

- Administration des services de la Banque Mondiale	10.854.263,35 K
- Ecole primaire de Munsakamba	410.929,00 K
- Centre de santé de Mwembeshi	714.336,51 K
- Promotion des petites entreprises	4.432.716,00 K
TOTAL	16.439.244,86 K

Ce qui ressort directement de ce tableau est bien sûr la disproportion des coûts administratifs au sein de ce budget. Cette situation devrait toutefois évoluer favorablement grâce à l'accroissement du nombre de projets subsidiés.

Il existe toutefois un certain nombre de conditions requises pour qu'un projet soit approuvé par le Fonds de Recouvrement Social. Tout d'abord, celui-ci doit concerner une communauté de base dans le sens où cette dernière doit bénéficier d'au moins 25% des coûts globaux. Ensuite, le projet doit être durable, cette qualité étant jugée sur base de l'acceptation par une agence gouvernementale (le Conseil municipal par exemple) de poursuivre le financement une fois le projet terminé. Enfin, le projet doit être réalisé endéans l'année.

Après une année de fonctionnement, il sera possible d'évaluer le résultat de ces projets. Cependant, et sur base de l'analyse des projets approuvés il est aujourd'hui clair, que la tendance à la réhabilitation des structures scolaires, des cliniques et des hôpitaux, gérés principalement par des organisations missionaires, est d'ors et déjà biaisée. La conséquence la plus évidente en est que les communautés locales n'y participent en fait que de manière très réduite. Plus important encore, il n'existe toujours pas de projets sérieux concernant le développement des revenus de la population locale. Ceci permet donc de douter fortement de la viabilité de tels projets, étant donné le fait qu'ils ajouteront encore une pression supplémentaire sur les dépenses courantes de l'Etat.

- L'Unité Micro-Projets

L'Unité Micro-Projets est un programme financé par l'Union Européenne, dans le cadre des Accords de Lomé. Son objectif est d'être un programme de soutien à long terme des micro-projets de développement ruraux et semi-urbains de réhabilitation et comportant une participation populaire volontaire. Le budget de l'Unité pour Lomé IV (1992-1996) est de 16 millions de dollars.

Tableau 5

Liste des projets achevés en 1992

	Achevés	Approuvés	%
Education	42	105	40
Santé	23	46	50
Infrastructure	6	16	37
Approvisionnement en eau	3	10	30
Divers	4	7	57
TOTAL	78	184	42

Pour l'année 1993, quelques 300 projets ont été approuvés. Ceci indique bien sûr que les initiatives choisies sont de petite taille.

Les conditions requises pour bénéficier de cette aide sont:

- rencontrer un besoin prioritaire au niveau local;
- bénéficier aux pauvres et aux groupes vulnérables;
- faire la preuve que les participants aux projets sont totalement engagés dans l'initiative;
- faire la preuve que le projet peut être achevé et fonctionner pleinement endéans la première année;
- être appuyé par les unités de planification des conseils communaux et provinciaux;
- comporter au moins 25% d'apport financier propre de la part de la communauté concernée;
- demander une participation financière à l'UMP inférieure à 400.000 dollars. La contribution typique par projet de l'Unité est de l'ordre de 30.000 dollars.

Les secteurs prioritaires de l'Unité Micro-Projets sont l'éducation, la santé, l'eau et l'infrastructure sanitaire, l'infrastructure économique et certains autres fonds de roulement. Les apports sous forme de travail ne sont pas rémunérés car ils sont considérés comme faisant partie de la contribution de la communauté. L'UMP consacre d'ailleurs beaucoup d'attention à la réhabilitation et moins à la construction de nouveaux équipements. Mais encore une fois, ces projets risquent d'accroître, durant les prochaines années, la pression financière qui pèse sur le budget des dépenses courantes de l'Etat.

- Le Ministère du Développement Communautaire et du Bien-Etre Social

Il s'agit d'un ministère nouvellement créé afin de prendre en charge la responsabilité du bien-être des pauvres et des groupes marginalisés, particulièrement depuis la suppression des politiques de subsidiation.

Durant l'exercice 1992, ce ministère a alloué 1 milliard de K. afin d'atténuer les effets négatifs de l'ajustement pour les pauvres et les plus vulnérables.

Comme tout nouveau ministère, une partie des ressources a été utilisée pour l'installation d'une structure institutionnelle. Il semblerait également que le ministère ait décidé d'utiliser une partie de ses ressources pour éduquer, via les médias, la population à des équipements désormais disponibles pour les familles pauvres, ainsi qu'une autre partie pour la formation de son staff.

2. L'efficacité des Programmes

En résumé, trois remarques majeures peuvent être faites. La première est qu'étant donné l'accroissement de la pauvreté dans l'ensemble du pays, ainsi que du pourcentage de personnes fragilisées, l'impact de ces programmes n'a pu être que minime. Ceci est en grande partie dû à l'étroitesse des ressources débloquées pour combattre une pauvreté en expansion.

Ensuite, les mécanismes de distribution sont aussi fortement limités dans le sens où il n'y a que peu de personnes impliquées dans l'exécution des programmes. Dès lors, il est difficile d'atteindre réellement les nécessiteux et autres groupes vulnérables. Enfin, une des hypothèses de départ des programmes est que les personnes dans le besoin savent où trouver l'information concernant cette aide potentielle. Cette hypothèse reste cependant à démontrer.

V. Conclusion

Il est aujourd'hui évident que la situation des pauvres en Zambie est plus sombre que jamais. L'augmentation continuelle de leur nombre est clairement une conséquence des Programmes d'Ajustements Structurels appliqués par le gouvernement. Mais, tout comme il est difficile d'établir un lien direct entre l'ajustement en lui-même et l'accroissement de la pauvreté, il l'est également de tenter de distinguer ceux qui étaient déjà pauvres et vulnérables de ceux qui ont été rendus pauvres et vulnérables du fait de l'ajustement.

Il est, par contre, plus facile d'affirmer que les programmes mis en place pour atténuer les effets de l'ajustement pour la population, n'ont eu qu'un résultat des plus marginal. Ceci est en grande partie dû au fait que ces programmes manquent de ressources suffisantes pour avoir un effet décisif sur cette situation catastrophique. En outre, ils manquent également de personnel qualifié ainsi que d'une structure institutionnelle efficace. Ceci est amplement démontré par l'échec dans l'utilisation du potentiel des ONGs, et particulièrement en ce qui concerne les organisations locales.

On a également pu observer que, pour que le Programme d'Action Sociale soit efficace, il faudrait qu'il soit intégré dans les autres composantes du programme de réforme, et non en tant que simple palliatif additionnel. Enfin, il est aussi primordial que de tels programmes réalisent plus de projets qu'ils ne le font actuellement.

* * *

Traduction: Alain Carrier

Alternatives Sud, Vol. I (1994) 2, pp. 105-120

INTRODUCTION DE LA LOGIQUE DE MARCHE DANS LE SYSTEME ECONOMIQUE CUBAIN

Appréciations sur les effets sociaux*

Aurelio Alonso Tejada

La dégradation de l'économie cubaine qui a suivi la désintégration du système socialiste soviétique de 1989 a imposé d'importantes mesures d'ajustement économique, mesures encore aggravées par le drame poltique que représente cette chute et ses effets pour la société cubaine.

L'obligation de se réorienter vers les mécanismes de fonctionnement de l'économie de marché ne signifie cependant pas, dans le cas cubain, un processus de privatisation arbitraire de l'économie dans le cadre d'une transition incontrôlée vers le marché capitaliste. Au contraire, il s'articule sur le désir de s'assurer que la propriété, le contrôle et la capacité d'autodétermination de l'Etat - intérieure et extérieure - restent prédominants. Il est donc plus correct de parler d'une tentative d'implantation d'une économie socialiste à caractère mixte au sein de laquelle le système socio-économique cubain pourra utiliser les mécanismes du marché sans pour autant devoir y succomber.

Néanmoins, les réformes entreprises et qui doivent conduire à la mixité de l'économie cubaine vont inévitablement induire des conséquences et des déformations sociales importantes, risquant même de dénaturer définitivement le sens du processus de transformation révolutionnaire.

I. Les antécédents de la logique de marché dans l'économie cubaine

Les étroites relations de dépendance existantes avec les Etats-Unis et datant d'avant la révolution de 1959 ne témoignent pas seulement de l'insertion quasi totale de Cuba dans le marché nord-américain, mais sont également

---

* Exposé fait lors d'un séminaire du Centre Tricontinental à Louvain-la-Neuve en novembre 1993.

illustratives d'une contradiction majeure du système socio-économique cubain. En effet, alors que l'île représentait, proportionnellement, le marché le plus important du continent centro-américain pour les produits des Etats-Unis, elle s'était en même temps convertie en une des sociétés les plus polarisées de la région, du point de vue de la distribution des revenus.

Cette spécificité, dont on a déjà beaucoup souligné les effets sociaux, explique pourquoi coexistaient de manière antagoniste d'une part un niveau de modernité technologique et des habitudes de consommation supérieures à n'importe quel autre pays d'Amérique latine, et de l'autre, à quelques kilomètres seulement de la capitale, une population rurale, majoritaire, vivant dans une situation de misère totale, affamée, vêtue de guenilles, sans services électriques ni sanitaires et sans accès aux institutions médicales ou scolaires.

Il faut se rappeler cette image d'avant 1959, marquée par le désespoir et le manque de justice pour tenter d'évaluer, afin de les contrecarrer, les conséquences sociales que pourrait avoir la réimplantation d'une logique de marché dans le système cubain actuel. Ce n'est pas bien sûr que de telles conditions soient sur le point de se reproduire, mais simplement il ne faut pas les exclure de notre mémoire et les utiliser en tant que référence historique.

Le concept de réimplantation s'impose, parce que, comme on le sait, le pouvoir né de la victoire révolutionnaire de 1959 a adopté un système de transformation du régime de propriété particulièrement radical. On pourrait d'ailleurs ajouter excessif, puisqu'en 1968 on expropria quelques 70.000 petits commerçants indépendants qui représentaient l'initiative privée à l'intérieur même du système. En conséquence, la contrepartie économique que l'Etat en retirait se réduisit, parallèlement à la quasi-disparition du secteur rural indépendant.

Il en résultat une crise sévère, déjà à cette époque, une crise d'insertion, du fait de l'incapacité de l'économie cubaine à surmonter par elle-même les effets de la déconnection avec les Etats-Unis. Elle donna lieu, par souci de contrecarrer le déséquilibre interne, à la suppression de toute possibilité d'exercer d'une manière indépendante une grande variété de prestations de services destinés à satisfaire les besoins quotidiens de la population, services que l'Etat était pourtant incapable d'assurer lui-même[1].

Il est donc intéressant de commencer l'analyse par une réflexion inverse de celle qui nous occupe aujourd'hui, c'est-à-dire celle des conséquences sociales de la rupture prématurée avec la logique de marché. Ce thème mérite d'être réétudié, au sein même des différentes expériences de construction sociale qui ont suivi les principales révolutions de ce siècle.

Il est un fait que les mesures prises en 1968 n'ont pas signifié la disparition du marché, mais plutôt sa soumission à l'illégalité et son exclusion formelle du système. Mais il faut aussi mentionner la perte pour l'Etat de la capacité de le réguler par le biais d'un contrôle effectif.

En outre, le système de direction et de planification de l'économie adopté vers le milieu des années 70, postérieurement donc à l'entrée de Cuba au COMECON, supposait un modèle de relations marchandes entre les entreprises étatiques, mécanisme d'inspiration soviétique qui a toutefois peu à voir avec le marché réel. Il en résultat aussi d'autres formules mercantiles partielles, au départ de la gestion étatisée, comme la création d'un marché parallèle que l'on finit par percevoir comme un substitut éventuel au rationnement. De plus, au départ de la seule activité économique qui se maintenait formellement indépendante, on autorisa pendant plusieurs années un marché agricole libre.

Toutes ces variantes sont, en fait, des formules totalement subordonnées à une économie fortement étatisée, à vocation gestionnaire centralisée, purement nationale (sans place pour l'investisseur étranger) et avec une vision éthique du marché en tant que perversion à éliminer à tout prix.

Il est vrai que lorsque nous observons l'évolution et les effets des relations Nord/Sud, telles que développées par l'économie de marché (capitaliste), les raisons de parler de perversité ne manquent pas. Mais nous nous situons dans

---

1. Voir discours de Fidel Castro du 13 mars 1968, Granma (14 mars 1968).

l'histoire réelle, non dans l'utopie, et donc là où les idéaux d'ordre éthique ne peuvent supplanter les lois économiques.

Il est clair que l'insertion des pays sous-développés dans l'ordre mondial résulte d'un rapport de soumission aux puissances économiques qui le dirigent en y imposant leur loi. Nous nous trouvons donc non seulement à la merci des mécanismes économiques, mais également à celle d'un rapport de force.

La dégradation de l'économie cubaine qui a suivi la désintégration du système socialiste soviétique de 1989 nous a imposé d'importantes mesures d'ajustement économique, mesures encore aggravées par le drame politique que représente cette chute et ses effets pour la société cubaine. Je ne m'attarderai toutefois pas ici sur l'évaluation des causes externes et internes, ni sur son inter-relation et son poids dans la crise actuelle de l'économie cubaine, ni d'ailleurs sur les chiffres et autres données illustratives de son ampleur[1].

II. Les effets sociaux de l'actuelle crise cubaine

Nous allons donc essayer d'apprécier, de manière précise, les effets sociaux plutôt que le fait économique lui-même. Il faut, dans l'analyse de la situation cubaine contemporaine, faire la différence entre les effets sociaux de la crise en elle-même et ceux de l'introduction d'éléments de la logique du marché, là où celle-ci a déjà commencé à se manifester, que ce soient les effets des réformes déjà adoptées, ou de celles qu'il est déjà possible de prévoir.

L'effet majeur de la dégradation de l'économie cubaine est, à mon sens, l'importante détérioration des conditions de vie de la population. Il s'agit, en premier lieu, de la consommation alimentaire, qui se caractérise par une

---

1. Pour une évaluation de la crise cubaine actuelle voir Julio CARRANZA, "Cuba: Los retos de la economía", et Aurelio ALONSO, "La economía cubana: El desafío de un ajuste sin desocialización", **Cuadernos de Nuestra América**, n° 19, (juillet-décembre 1992), La Habana.

dépendance de plus de 50% d'une satisfaction traditionnelle des besoins via l'importation.

La disponibilité alimentaire a chuté de manière dramatique et ce malgré la priorité accordée et l'effort pour relancer l'agriculture. En 1989, les importations[1] d'aliments approchaient le milliard de dollars et représentaient un peu plus de 12,4% du total des importations. Par contre, en 1992, bien que réduites de moitié en tonnes de valeur absolue, elles ont représenté près de 24,8% des importations. La chute dans la disponibilité alimentaire a donc été particulièrement sensible et seulement tolérable du fait d'une politique de redistribution très méticuleuse. Celle-ci sera inévitablement affectée par les ajustements. La carence du reste des articles indispensables (savon, détergent, etc.) est aussi aiguë. La crise est donc presque totale dans le secteur de la consommation personnelle.

Il faut bien sûr encore ajouter à cette situation l'incidence de la crise sur la consommation sociale, comme par exemple la réduction draconienne du transport collectif ou les coupures d'électricité occasionnées par la baisse de l'approvisionnement en pétrole, qui fut ramené à moins de la moitié de la consommation nationale habituelle.

Les secteurs de la santé et de l'éducation ont également commencé à ressentir les effets de la dégradation économique. Le manque de médicaments et de matériel scolaire est flagrant. Et si l'on a jusqu'à présent pu maintenir à niveau les indices de santé et de la qualité de la vie, il faut cependant s'attendre à une détérioration sensible de ces paramètres dans les prochaines années. Il est d'ailleurs également important de signaler que les nouvelles mesures engendrées par la réinsertion de l'économie cubaine dans le cadre des mécanismes du marché vont toucher une société déjà particulièrement affectée par les effets de la dégradation économique des quatre dernières années.

Les causes de cette détérioration des conditions de vie ne se limitent cependant pas au rapide déclin du produit social et de la capacité importatrice du pays. Cette dernière se

---

1. Voir les articles de Tim Golden, **The New York Times**, (11 et 13 mars 1993).

complique également du fait de l'expansion de l'économie souterraine et de la forte concentration de monnaie circulant à l'intérieur de cette sphère.

Du strict point de vue de la logique capitaliste du marché, la carence en produits et l'excès de moyens monétaires s'ajustent via la libéralisation des prix. Mais ce mécanisme a également pour conséquence que c'est la population ayant le plus faible revenu qui paie le prix de l'ajustement. C'est ce que nous tentons pourtant d'éviter à Cuba, en outre via le fait que les prix des produits distribués par les canaux de l'Etat ont été maintenus hors d'atteinte du mécanisme marchand.

Les travailleurs des usines ou des entreprises, dont on réduit l'activité ou qui ferment par manque de matières premières ou pour d'autres raisons, peuvent subsister grâce à des allocations de l'Etat. Il n'y a pas eu de "politique de choc" dans la crise cubaine actuelle. Cependant, la spirale inflationniste se manifeste dans le marché noir, où l'on estime que la circulation monétaire est passée de deux milliards de pesos en 1990 à 10 milliards en 1993[1]. On peut donc affirmer que le mécanisme d'accumulation est bel et bien passé entre les mains des agents actifs du secteur informel.

III. Les mesures de dynamisation économique

Nous allons maintenant nous attarder sur les mesures que nous pourrions qualifier de "structurelles" dans leur majorité, et qui auront donc une incidence déterminante, à long terme, sur le système. Nous envisagerons également les conséquences sociales, certaines évidentes, d'autres prévisibles, que celles-ci vont engendrer. Il s'agit de mesures de dynamisation et de décentralisation économique qui impliquent, de façons diverses mais convergentes, l'introduction de la logique de marché au sein des mécanismes économiques qu'elle met en branle.

---

1. Julio Carranza, **op. cit.**

Il ne s'agit pas, et je crois qu'il est bon de le préciser dès maintenant, ni d'un projet, ni d'un processus de privatisation arbitraire de l'économie dans le cadre d'une transition incontrôlée vers le marché capitaliste. Au contraire, il s'articule sur le désir de s'assurer que la propriété, le contrôle et la capacité d'auto-détermination de l'Etat (intérieure et extérieure) restent prédominants. Il est donc plus correct de parler de l'implantation d'une économie socialiste à caractère mixte au sein de laquelle le système socio-économique cubain pourra utiliser les mécanismes du marché sans pour autant devoir y succomber.

Voici, maintenant, une analyse sommaire des mesures ponctuelles qui, dans cette optique, ont été adoptées à Cuba. Dans ce contexte, je m'attarderai sur les effets déjà actuellement perceptibles. Le caractère trop récent du dispositif réformateur de l'économie cubaine ne nous permet pas, comme dans d'autres cas plus avancés tels que la Chine ou le Vietnam, de pouvoir déjà clairement déterminer et valoriser ces effets qui, à Cuba, sont encore plus potentiels que réels. Tout comme existe toujours, d'ailleurs, le risque qu'on les confonde avec les effets mêmes de la dégradation économique, risque auquel j'ai fait référence précédemment.

1. Décentralisation économique et ouverture au capital étranger

La première de ces mesures et la seule comptant déjà plusieurs années d'expérience est l'ouverture économique de l'île aux investisseurs étrangers. Bien qu'elle s'appuie sur un cadre légal créé dès le début des années 1980[1], ce n'est qu'au cours de la seconde moitié de cette décennie que l'on va commencer à promouvoir de manière effective cette politique d'ouverture, dans le but d'assurer une croissance rapide de l'infrastructure dans le domaine du tourisme international, secteur défini par ailleurs comme une nouvelle priorité de l'économie nationale.

1. Je fais référence au Décret-Loi n° 50 de 1982.

A l'origine, il s'agissait principalement de contrats de "joint venture" de 50% pour les capitaux étrangers et 50% pour l'Etat cubain propriétaire. Aujourd'hui, les dirigeants politiques reconnaissent que cette ouverture concerne actuellement une grande diversité de secteurs de l'économie et de formules d'association qui, il y a trois ans seulement, n'auraient jamais été acceptées par les autorités locales[1]. On trouve ainsi déjà plus de 100 sociétés mixtes à capital privé étranger et étatique cubain, 413 entreprises étrangères opérant à Cuba et quelques 120 nouvelles propositions d'investissement sont à l'étude.

Certains économistes estiment à plus de 500 millions de dollars le niveau des investissements actuels. Ce n'est certes pas encore un chiffre absolument déterminant dans un processus de changement, du fait des hésitations dues aux pressions directes et indirectes des Etats-Unis et qui ont empêché une croissance plus importante de ce flux de capitaux. Par rapport au redressement prévisible, il s'agit, néanmoins, d'une mesure dont l'importance devient de plus en plus visible.

L'inquiétude que l'on puisse faire passer l'économie du pays entre des mains étrangères semble dérisoire, si l'on se rapporte au timide comportement de l'investissement extérieur. Mais, même s'il devait y avoir une réponse plus active, le monopole de l'Etat dans la participation nationale aux investissements conjoints avec des entreprises étrangères, permet d'assurer le maintien d'un contrôle cubain sur l'économie nationale et ce même si dans l'avenir ce monopole étatique devait se réduire aux secteurs clés de l'économie.

La présence du patronat étranger, conjuguée à l'augmentation déjà appréciable du tourisme dans un environnement intérieur très austère, ont accru la circulation des dollars dans l'île et poussé à accélérer l'adoption des mesures monétaires qui étaient envisagées afin d'assainir les finances internes.

La superposition de deux économies et de deux niveaux, qualitativement différents, de conditions de vie s'est

---

1. Interview de Carlos Lage par Suzana Lee, Granma, (30 octobre 1993).

également accru ces dernières années, polarisant la société cubaine en deux groupes, l'un ayant accès à une gamme de produits vendus en dollars et l'autre sujet aux carences, encore accentuées par la crise. Cela a encouragé le développement d'un secteur de professionel qui commence à accéder à une consommation préférentielle, face à une majorité sociale privée de cet accès. Plus encore, il existe un danger réel de création d'un groupe social privilégié - j'hésite encore à le traiter de "classe sociale" - en relation d'ailleurs avec certains segments de la bureaucratie politique et administrative.

Il est par ailleurs évident qu'il existe aujourd'hui un mouvement de départ volontaire du personnel de haut niveau (donc pas de personnes bénéficiant d'allocations ou n'ayant pas d'emploi), de toute origine professionnelle, en direction du secteur touristique et des entreprises à capitaux mixtes. Mais cette réorientation du travail ne peut être totalement considérée comme une irrégularité qu'il faut combattre, puisqu'elle correspond à la volonté publique de réorienter la force de travail la plus apte précisément vers les secteurs qui ont été déterminés comme prioritaires par l'Etat.

Nous ne nous trouvons donc pas face à un effet purement conjoncturel et passager, si l'on prend en considération le fait que l'on s'attend à une présence de plus en plus significative du capital étranger ainsi qu'à un accroissement considérable du tourisme.

La *dollarisation* de l'ensemble de la consommation et la déformation sociale qui en résulte - et qui est très loin de se limiter à la prostitution, malgré ce que certains pensent - augmentent de manière importante. On ne peut d'ailleurs actuellement affirmer que l'on déjà dispose des anticorps adéquats face à ces menaces réelles.

Parallèlement à l'augmentation croissante de l'investissement étranger, le gouvernement a commencé à favoriser des projets d'auto-financement dans les quelques secteurs étatiques qui avaient la capacité de le faire. Non seulement l'industrie de la pêche, le tourisme et l'aviation civile, mais aussi la culture et le sport commencent à s'auto-financer. Cette forme de décentralisation s'inscrit également dans l'articulation d'un rapport de marché à l'intérieur du système et qui place le critère d'efficacité au centre du fonctionnement économique.

2. Réforme monétaire et dépénalisation du dollar

Les autres mesures auxquelles nous devons faire référence, sont celles décidées durant les mois d'août et de septembre 1993, raison pour laquelle, plus que d'effets réels, nous ne pourrons parler que d'effets prévisibles.

Ces mesures, comme nous l'avons dit précédemment, avaient fait l'objet d'analyses et de discussions depuis plusieurs années. Il peut dès lors être intéressant de se demander s'il aurait été utile de les adopter plus tôt. Dans le cadre du débat de la "Résolution sur l'économie du pays", lors du IV Congrès du Parti Communiste Cubain (PCC) en octobre 1991[1], il était déjà possible de prévoir le cours qu'allait prendre les futures réformes.

La dépénalisation récente des devises a pour but la récupération, dans le cadre du budget de l'Etat, du flux de dollars qui arrive directement à la population. Ce flux a deux origines majeures: d'une part, les dollars provenant de la superposition d'une circulation parallèle à l'intérieur du pays, et dont nous avons parlé précédemment, et de l'autre des envois privés des familles qui résident à l'étranger, poste qui est d'ailleurs devenu la principale source de revenus de beaucoup de pays sous-développés ayant une émigration importante. Nous parlons donc de "dépénalisation" parce que le seul effet de cette mesure est de légaliser le cours de la devise étrangère dans un système où la monnaie locale n'est toujours pas convertible. Il faut d'ailleurs encore ajouter que la perte du pouvoir d'achat de la monnaie locale généralis la démotivation dans le travail.

L'accroissement des transferts comme source de devises a sans doute été l'un des facteurs qui a favorisé l'adoption de cette mesure de dépénalisation du dollar, mesure qui figurait depuis un certain temps à l'agenda de certains économistes.

---

1. Regroupées dans "Este es el Congreso más Democrático". Editora Política, octobre 1991, La Habana.

En effet, ces transferts devaient, à terme, pensaient-ils, aller en diminuant. Comme on estime la migration cubaine à deux millions de personnes, dont 1,6 million rien qu'aux Etats-Unis, on peut affirmer que au moins 50% des familles cubaines ont un membre résidant à l'étranger[1]. Le potentiel de personnes bénéficiant de ces transferts n'est dès lors pas négligeable, tout comme d'ailleurs les bénéfices pour le budget de l'Etat.

Cependant, la balance entre les composants politique et économique dans la migration cubaine est nettement différente de celle d'autres migrations, principalement engendrées par le manque d'emploi chronique et la marginalisation sociale. En effet, le bénéfice qu'entraînera la libération de ces transferts privilégiera aussi, de fait, l'entourage familial d'une opposition politique actuellement localisée à l'étranger.

Quoi qu'il en soit, la législation nord-américaine sur l'embargo contre Cuba limitant toujours les transferts familiaux à 1.200 dollars par an, la dépénalisation n'engendrera probablement pas une augmentation majeure immédiate du flux de devises dans le pays.

Par contre, une telle ouverture entraîne, il est vrai, l'accentuation d'une différenciation sociale dont les critères de base n'ont plus grand chose à voir avec le mérite et les efforts personnels. Il s'agit en outre, à mon sens, d'un mécanisme plus complexe que le simple effet de marché, lequel implique, malgré ses défauts, une gratification proportionnelle aux résultats produits. La dépénalisation accentue quant-à-elle la course à l'obtention privée de devises principalement dans le secteur informel et le travail à compte propre (cuentapropismo), phénomène récemment et apparu où les prestations sont directement facturées et encaissées en dollars (ou en les ajustant à la valeur du dollar sur le marché noir).

---

1. C'est une pondération très difficile à effectuer étant donné que le nombre d'émigrés n'est pas en proportion avec la population; il existe des familles dont plusieurs membres ont émigré et d'autres non.

3. Réhabilitation de l'initiative privée cubaine

Le nouveau décret qui régule aujourd'hui le travail indépendant illustre, d'une manière très modérée, la réouverture d'une frange d'initiative privée rayée du cadre légal depuis 1968. Il s'agit en effet de l'incorporation d'un secteur privé formel au système économique cubain, non pas par la voie de la privatisation de l'entreprise socialisée, mais par la création d'un espace légal pour l'expansion d'une nouvelle activité économique privée.

Ce décret[1], qui en deux mois avait suscité la présentation de plus de 86.000 demandes de licence dans tout le pays, constitue également l'une des bases majeure du processus de réforme. Il a été presqu'immédiatement l'objet de modifications, de façon à augmenter les types de métiers autorisés et d'y inclure des professionnels de niveau supérieur (les secteurs de la santé et de l'enseignement restant toutefois exclus).

Cette mesure doit également, à court terme, apporter sa contribution à la tentative de récupération d'un certain équilibre interne permettant la diminution des charges du budget de l'Etat dans le domaine des subsides au non-emploi. Mais c'est aussi le point de départ d'une différenciation sociale ayant pour les revenus, cette fois-ci légitimée et systématique, tout comme, d'ailleurs, d'un mécanisme d'accumulation qui avait déjà commencé à apparaître par le biais de l'activité informelle.

Les lignes directrices du rétablissement du marché par l'intermédiaire d'une économie mixte, à Cuba, se trouvent donc déjà inscrites en filigranes dans ces réformes.

4. Désétatisation de la production agraire

Nous devons encore mentionner la décision prise en ce qui concerne la désétatisation de la production agraire, mesure qui va conduire à un changement important dans le

1. Décret-Loi n° 14 de septembre 1993.

secteur agricole de l'économie cubaine[1]. Il est clair que l'évaluation des expériences chinoises et vietnamiennes a pesé dans la recherche de formules pour dynamiser la production agraire à Cuba. Mais, il est également important de tenir compte des particularités de l'agriculture cubaine.

Au Vietnam comme en Chine, 80% de la population est rurale et la production est directement alimentaire. A Cuba, 76% de la population est urbaine[2]. De plus, le produit principal de cette agriculture est la canne à sucre, matière première pour l'industrie sucrière, c'est-à-dire l'exportation.

De sorte que la formule de décentralisation envisagée comme la plus appropriée (du moins dans la perspective actuelle) pour obtenir un repeuplement de la campagne cubaine[3], tout comme pour augmenter l'efficacité de la production agraire, a été de transformer les terres appartenant à l'Etat (soit 80% de la terre agricole du pays) en une forme de production coopérative. Il ne s'agit donc pas, dans ce cas, de la création de coopératives à partir de l'union de propriétaires indépendants (forme classique de socialisation), mais bien par la voie d'une décentralisation des terres de l'Etat.

Bien que l'on puisse considérer que cette mesure soit insuffisante pour permettre de dégager une marge excédentaire pour les producteurs du secteur agro-alimentaire, il s'agit cependant d'une limitation dont la solution est simple et même prévisible à court terme.

Il semble en tout cas évident que la nouvelle motivation engendrée par cette mesure pourrait provoquer une sérieuse

---

1. A la différence des deux mesures antérieures, adoptées à partir des décrets-lois, il s'agit dans ce cas d'une résolution du Bureau Politique du Parti Communiste de Cuba.
2. Les définitions de base du Recensement de la Population et de l'Habitat de 1981 incluent dans les zones urbaines les lotissements de 200 habitants. Le pourcentage devient alors inexact si l'on différencie population rurale et urbaine en fonction de l'agriculture. Nonobstant cela, la population de l'île est majoritairement urbaine.
3. Les dirigeants cubains ont encore l'habitude de porter la totalité du poids de l'insuffisance alimentaire sur le problème de la force de travail, sans étudier suffisamment d'autres facteurs. Voir interview de Carlos Lage par Susana Lee, **op. cit.**

augmentation de la production du secteur agricole. C'est pourquoi je ne pense pas que cette décision soit close mais bien qu'elle représente une première étape dans la recherche d'une solution adéquate pour l'agriculture cubaine.

Les effets libéralisateurs vont sûrement encore s'intensifier lorsque les acteurs des coopératives se montreront capables de produire des excédents suffisants pour réclamer un espace de commercialisation directe; espace dont dispose depuis le début, le travailleur indépendant des secteurs de services légalisés, mais qui est actuellement toujours interdit non seulement aux coopératives mais également aux paysans indépendants. Il semblerait donc que l'Etat se maintienne actuellement dans l'attente desdits excédents de cette production agro-alimentaire avant d'ouvrir la possibilité d'une commercialisation directe qui n'entraîne pas automatiquement une inflation incontrôlable des prix[1]. En attendant, il préfère que la commercialisation indépendante ne soit pas autorisée.

Au risque de m'écarter un instant du thème qui nous occupe, je crois opportun d'ajouter que je ne considère pas qu'il suffise d'un changement dans la structure de l'exploitation de la terre pour donner une réponse à long terme au problème de la sécurité alimentaire du pays. En Chine, comme au Vietnam d'ailleurs, la production agraire répond d'abord à l'auto-approvisionnement et ensuite, en cas d'excédents, à l'exportation. Le riz sert ces deux objectifs. Mais, à la différence du riz, le sucre ne peut subvenir à l'alimentation de base d'un pays, et constitue donc essentiellement un produit d'exportation. C'est pour cette raison que la sécurité alimentaire du pays requiert également, dans le cas cubain, une modification progressive de la structure d'utilisation des sols. Il est encore trop tôt pour définir le moment où les secteurs non conventionnels permettront de réduire la dépendance sucrière. Trop tôt aussi, pour conclure, si l'alternative la plus efficace dans la

1. Carlos Lage répond à cela: "Nous avons aujourd'hui un déficit de produits agricoles. Nous n'avons pas d'excédents. Toute décision relative à ce problème doit attendre l'apparition réelle de ces derniers". **Op. cit.**

production d'aliments est la coopérative ou s'il serait également pertinent d'augmenter l'espace de l'économie familiale.

IV. Les risques des réformes et leurs remèdes

Deux faits restent cependant indissociables. Le premier est que les réformes qui conduisent à une mixité de l'économie socialisée sont inévitables. Il vaut dès lors mieux les orienter en fonction d'un projet intégral que de les introduire comme une simple exigence conjoncturelle. Le second est que ces réformes introduisent inévitablement la logique de marché dans le système et, par conséquent, des effets qui risquent d'induire des déformations importantes voire et même de dénaturer définitivement le sens du processus de transformation révolutionnaire.

Ces éléments de déformation sont principalement liés à une rupture du principe d'équité, principe en fonction duquel on a voulu orienter l'économie formelle durant ces dernières trente années. L'économie souterraine, offrant une couverture idéale à la satisfaction de besoins non satisfaits, exerce un effet de dissociation et son apparition provoque de fait une rupture de cette équité. Les coûts qui devront être assumés, aujourd'hui, par un système qui n'a d'autre alternative que celle de faire de la place à l'inégalité, seront peut-être plus lourds parce que n'ayant pas été assumés plus tôt. Une des questions majeures que pose ce nouveau défi reste, d'ailleurs, à mon sens, de savoir si l'on parviendra effectivement à contrôler la circulation de la richesse, ou si l'on finira par sanctionner une accumulation individuelle excessive.

Il existe déjà des sphères de la bureaucratie où l'on obtient des bénéfices et des privilèges qui correspondent aux services rendus au capital (étranger, mixte, autogestionnaire étatique et ou de façon cachée, souterrain). Le risque d'un certain enracinement du mécanisme clientéliste nous conduit donc à l'interrogation suivante: ces sphères bureaucratiques finiront-elles par s'insérer dans un processus d'accumulation ou existe-t-il un antidote politique et social efficace en faveur d'une "sociopathie" qu'il y aurait lieu de prévoir dès maintenant?

Bernard Founou a raison de refuser, à propos de Cuba, le qualificatif d'"Etat fort", imprécis et ambigu, et de le remplacer par celui d'"Etat capable", solution qui exige d'approfondir le processus de démocratisation populaire. Dans le cadre d'un socialisme structurel, beaucoup plus que la "pureté morale" du parti d'avant-garde (ce qui sans doute constitue un capital politique essentiel, c'est le renforcement d'un véritable pouvoir populaire disposant d'une autorité et d'un contrôle réels qui constitue le facteur décisif qui permettra d'empêcher que les effets, que nous observons aujourd'hui en tant que coûts sociaux "hors contrôle", ne fassent déborder le système et provoquent une dégradation irréparable pour la société.

* * *

Traduction: Teresa Rodriguez

Alternatives Sud, Vol. I (1994) 2, pp. 121-134

ECONOMIE DE MARCHE ET TRANSFORMATIONS SOCIALES AU VIETNAM*

Do Thai Dong

Pour le Vietnam qui se proclame toujours socialiste, l'ouverture à l'économie de marché ne manque pas de poser d'énormes problèmes à la fois théoriques et pratiques. Cet article va indiquer les principaux d'entre eux, en essayant de rendre compte des situations concrètes tout en les replaçant à l'intérieur d'une réflexion plus globale. Certes, le pays n'a pas été l'objet des Programmes d'Ajustements Structurels, comme bien d'autres qui sont soumis aux injonctions du FMI et de la Banque Mondiale. Mais le basculement général, à l'échelle mondiale sans plus de contrepoids, dans une économie où seul le marché fait la loi, a introduit le Vietnam dans une logique nouvelle, celle du capitalisme[1].

I. Economie de marché et régime politique de type socialiste

L'année 1986 marqua pour le Vietnam l'ouverture à l'économie de marché. Ce fut un changement plutôt forcé que pensé au préalable. En effet, depuis 1980, différentes crises économiques se succédèrent. Elles se nourissaient d'une inflation galopante (700% en 1986) et d'une production déclinante. Par ailleurs, les aides venant de l'URSS s'étaient brusquement taries et les relations avec le COMECON devenues inopérantes. Il faut se rappeler qu'avant 1986 l'aide soviétique couvrait 100% des besoins en pétrole et 80% en ce qui concerne les engrais, aciers et métaux non-ferreux. En 1987, 79% des importations du Vietnam, soit près de

---

* Exposé fait lors d'un séminaire du Centre Tricontinental à Louvain-la-Neuve en novembre 1993.

1 Les chiffres que nous citons dans cet article proviennent des sources officielles du gouvernement vietnamien.

1,7 milliard d'USD provenaient de l'URSS et 51% des exportations se dirigeaient vers ces pays. L'aide de l'URSS, qui avait dépassé 2,2 milliards d'USD durant la période de 1986 à 1990, fut ramenée à 100 millions d'USD seulement en 1992.

C'est dans un tel contexte que le *Doi Moi* s'inscrivit -une tentative de "sauve -toi toi-même", selon les termes mêmes de celui qui présenta le programme, Mr Nguyen Van Long, premier secrétaire du Parti Communiste Vietnamien. En effet, c'est en 1986 que le VIe Congrès du PCV donna le signal d'un changement d'orientation de l'économie et en 1988 que le bureau politique le ratifia. Il s'agissait d'introduire des éléments de l'économie de marché, ce qui se traduisit de façon concrète dans les trois principaux secteurs de la production et des services.

Dans l'agriculture, le "forfait net" a pris la place du "forfait simplifié" qui, dès 1985, avait introduit une base contractuelle entre les familles et les coopératives, celles-ci gardant la responsabilité du labour et de toutes les phases préparatoires au repiquage et à la récolte du riz. Avec le nouveau système, une parcelle de rizière est désormais confiée à chaque famille de coopérateurs (en moyenne 0.30 ha par travailleur ou 1 ha pour trois travailleurs). La famille exploite le terrain en faire-valoir direct, moyennant une redevance annuelle à l'Etat. La propriété privée, cependant, n'a pas été rétablie, les terres restant toujours "la propriété du peuple tout entier, opérée par l'Etat" selon les termes de la nouvelle constitution adoptée en 1992.

Dans l'industrie, la libre création d'entreprises est désormais non seulement autorisée, mais encouragée. L'Etat reconnaît ainsi officiellement comme composantes économiques les entreprises d'Etat, les "joint-ventures" et les coopératives, mais aussi les entreprises familiales et privées. Le code des investissements contient quant à lui, contient des clauses particulièrement favorables aux capitaux étrangers. Enfin, dans le domaine du commerce et des services (banques, assurances, transports, communications, etc.), l'Etat encourage depuis 1986 les investissements de capitaux nationaux et étrangers, y compris donc ceux des Vietnamiens installés à l'étranger.

Ce processus de changement a donné naissance à la nouvelle Constitution qui proclame que le Vietnam opte pour une économie de marché à orientation socialiste. Du point de vue politique, il y est aussi affirmé que la République Socialiste du Vietnam n'est plus un "Etat de dictature prolétarienne" et que le Parti Communiste, tout en restant une "force dirigeante de la société", n'est plus considéré comme la "force unique". Il en résulte donc la reconnaissance d'une certaine autonomie des organes de la société civile.

Du point de vue théorique, bien peu se sentent capables d'expliquer de façon cohérente cette nouvelle logique. Du point de vue pratique, il apparaît par contre assez clairement qu'il s'agit d'une sorte de navigation à vue visant surtout à sortir le pays d'une situation économique désastreuse. Il faut d'ailleurs reconnaître que les résultats ont été assez convainquants. Ainsi, entre 1991 et 1992, le revenu national a augmenté de 5,3% (8% en 1993), le rendement industriel de 15%, la production agricole de 4,4%, les investissements étrangers de 73%, les exportations de 19% et l'inflation est passée de 700% en 1986 à 300% en 1988, 100% en 1990, 15% en 1992 et 5,2% en 1993. Voici, à présent, les traits majeurs de cette évolution.

II. Le retrait du socialisme commmence par le secteur agricole

Le Vietnam est un pays agricole et l'unité de production dans le secteur rural est formée par la famille. Celle-ci, une fois renversé le processus de collectivisation généralisée, a retrouvé toute sa dynamique. Rappelons tout d'abord qu'à l'époque où les coopératives occupaient 95% des terres cultivables et les lopins familiaux 5%, ces derniers fournissaient cependant aux paysans jusqu'à 4O% de leurs revenus. Ainsi, après la décollectivisation en 1988, le travail intensif fourni par ces petites unités familiales de production fut un des facteurs qui eut pour effet que le Vietnam devint le troisième exportateur de riz, après la Thaïlande et les Etats-Unis.

Tableau 1

Production et exportation du riz au Vietnam
(en milliards de tonnes)

	1989	1990	1991	1992	1993
- Production - Exportation	18.99 1.42	19.15 1.62	19.00 1.03	21.50 1.90	- 1.70

Pour 1993, cela représente un rapport financier estimé à quelques 300 millions d'USD. Le chiffre des exportations est en diminution par rapport à 1992, à cause des fluctuations du marché mondial.

Mais, s'agit-il d'une preuve que l'économie de marché est réellement bienfaisante ? Je crois plutôt que cela prouve simplement qu'une fois libérée du carcan centralisateur, la dynamique de l'articulation traditionnelle entre la famille - unité de production de base - et la commune villageoise - lieu d'identification sociale - recouvre toute sa vigueur. Par ailleurs, si cette structuration sociale s'est avérée relativement inapte à engendrer une organisation de type socialiste de la production agricole, elle s'est également montrée incapable de servir de base au capitalisme. Il n'y a pas et il n'y aura pas, dans un avenir prévisible, je le crois fermement, de classe capitaliste rurale au Vietnam.

Tout cela montre l'importance que revêtent les formes préexistantes de l'organisation des sociétés dans leur processus de transition. La pensée est souvent restée trop peu dialectique en ce domaine, liée à une conception messianiquement linéaire de la modernité ou du progrès. L'important est d'accepter que la structure sociale traditionnelle puisse jouer un rôle d'appui pour la réalisation des besoins de base actuels. Il faudra cependant étudier de près son évolution et les processus de son adaptation aux situations nouvelles.

Par ailleurs, les questions concernant l'articulation économique entre le secteur rural et le sectur urbain restent encore, pour l'heure sans réponse précise. On peut toutefois mentionner que le flux migratoire des régions rurales vers les villes a brusquement augmenté en volume. Il avait été fortement contrôlé dans le passé (le taux de population urbaine de 20,2% est resté stationnaire entre 1970 et 1990), grâce à la faible différence entre les revenus des villes et ceux des campagnes et par le biais de mesures administratives.

III. Les limites de la privatisation dans le secteur industriel

Contrairement au secteur agricole où il suffit de rendre la terre aux paysans pour stimuler la productivité, les problèmes du secteur industriel sont plus difficiles à résoudre. En effet, bien que près de 70% des unités de production dans le secteur industriel étatique soient défaillantes, on ne peut les "rendre" à personne! Cela pose donc des problèmes sérieux: pour privatiser les usines d'Etat, il faut pouvoir trouver des acheteurs. Qui peuvent-ils être ?

Afin de répondre à cette interrogation, il est bon de faire un bref historique du processus d'industrialisation du Vietnam. A l'époque coloniale, la classe capitaliste nationale était rachitique. La période de guerres qui suivit ne fut pas non plus propice à une accumulation capitaliste nationale. Avant 1975, il y avait au Sud environ 200 grands capitalistes, pour la plupait d'originc chinoise et d'activité mercantile. Ils quittèrent tous le pays au moment de la réunification. A cette époque, il existait, également au Sud, près de 60.000 petits et moyens détenteurs de capitaux, possédant des entreprises d'un capital moyen de 20.000 USD. Les réformes de 1978, en les intégrant dans les coopératives, finirent par les déposséder et de leurs entreprises et de leur savoir-faire.

C'est ainsi qu'actuellement le Vietnam n'a pratiquement pas de capitalistes nationaux. Le secteur étatique s'effondre et seules un tiers des usines de l'Etat fonctionnent normalement, le reste étant en faillite ou en difficulté. Il n'y a pas de classe capitaliste nationale pour prendre le relais. Avec l'ouverture au marché, des milliers d'entreprises privées ont bien vu le jour, mais la plupart fonctionnent avec un petit capital et se situent surtout dans le secteur des services, de l'artisanat ou des petites industries de transformation.

On ne peut dire cenpendant que les nouvelles mesures n'aient eu aucun effet. En 1992, après trois années consécutives d'une baisse de 5% de la production, la croissance fut de 15% par rapport à 1991. La production d'énergie primaire est passée de 4.62 millions de tonnes en 1982 à 10 millions en 1992, accroissement dû principalement au pétrole. En 1993, l'industrie légère a connu une progression de 11.6% par rapport à 1992 et l'Assemblée Nationale prévoyait pour 1994 une croissance industrielle de 11%, de 4% dans l'agriculture ainsi qu'une augmentation de 20% de la valeur des exportations.

A Hochiminhville, le secteur industriel se renforça également passant de 51% du PNB en 1991 à 54% en 1993. A Hanoï, le pouvoir local avait accordé, début 1993, 888 licences à des entreprises non-étatiques, représentant un capital de 100 millions de USD, dans des secteurs très divers de la petite industrie, de l'informatique, de la confection, de la construction et de l'hôtellerie[1].

Le commerce extérieur, quant à lui a pris un nouvel essor. Pour donner seulement un exemple, les échanges avec la Malaisie représentaient 53 millions d'USD en 1989, 91 millions en 1991 et 160 millions pour les 11 premiers mois de 1992, soit une augmentation de 150%.

Aussi étonnant que cela puisse paraître, il faut aussi ajouter que la rationalisation du secteur industriel d'Etat s'est poursuivie de façon systématique. Le nombre d'entreprises est tombé de 12.000 à 6.000 et devrait être réduit à 2.000 dans un proche avenir, cette évolution étant le fruit d'une part d'assainissement des entreprises non-rentables, d'une suppression d'un certain nombre d'activités de production et d'un effet de concentration d'autre part. Le secteur étatique représentait 56% de la production industrielle en 1988 et 72% en 1993. L'initiative de l'armée dans ce domaine, qui dispose de plus de 300 firmes, n'est pas étrangère à ces résultats, fruits d'une plus grande efficacité. Les réformes ont donc eu pour effet, au moins indirectement, de renforcer le secteur

---

1. Vietnam Business Opportunities, vol. 3, n° 16, janvier 1994.

de l'Etat dans le domaine industriel. C'est là un contrepoids éventuel à l'introduction d'un capitalisme sauvage.

IV. La fin du plein-emploi

Les changements brusques de la conjoncture internationale, conjointement à l'accroissement démographique considérable, posent de sérieux problèmes à l'emploi. Dans les années 1980, environ 220.000 Vietnamiens furent embauchés à l'extérieur, dont 95% dans les pays de l'Est européen. Or la plupart ont dû rentrer, suite à l'écroulement des régimes socialistes. Le tarissement de la demande de produits manufacturés par les pays de l'Est ainsi qu'une certaine rationalisation de la production industrielle, ont provoqué la perte de 820.000 emplois entre 1988 et 1991. L'Etat, n'ayant plus les rentrées suffisantes a, durant la même période, supprimé 320.000 emplois publics. En 1992, le mouvement s'est encore accru. Enfin, il faut ajouter le fait que chaque année 1,2 million de jeunes accèdent au marché du travail, la moitié seulement trouvant un emploi[1].

Les données officielles ont chiffré le non-emloi à 3.4% en 1989, 4.7% en 1990, à 6.2% en 1992. Mais, la réalité est vraisemblablement assez différente et le taux pourrait avoisiner les 20%. Selon les statistiques de 1992, il serait de 17% à Hochiminhville et de 25% à Hanoï.

V. Le développement de l'économie informelle

Il n'est donc guère étonnant que le phénomène le plus visible actuellement soit l'expansion d'un marché informel et, corrolairement, l'impuissance de l'Etat à le contrôler. Ce secteur informel, ou parallèle comme disent certains, englobe une multitude de petits métiers, allant du vendeur ambulant à la sous-traitance de la sous-traitance (une sorte de sous-contractation en chaîne) et concerne une multitude

1. Chiffres de 1992.

de personnes, du sans domicile fixe et sans emploi, jusqu'au petit fonctionnaire. A Hochiminhville, on compte officiellement 300.000 sans emploi.

En ce qui concerne les personnes ayant un emploi fixe, beaucoup ne gagnent que 12 USD en moyenne par mois. Avec ce revenu, on ne peut vivre que dix jours. D'où la nécessité, pour se pourvoir le reste du mois, d'exercer d'autres petits métiers, soit en grignotant sur les horaires de travail habituel, soit en-dehors des heures obligatoirement prestées ou encore à la nuit tombante. Autrement dit, pour un grand nombre, un tiers du temps de travail seulement est réservé aux activités "de surface", le reste, c'est-à-dire, les deux tiers du temps, sont dédiés aux activités non-déclarées, bien qu'exercées au vu et au su de tout le monde.

Dans ce contexte, les malversations, le marché noir, la corruption deviennent des maux répandus, touchant même les instances officielles, telle que par exemple la douane. Ainsi, plus de 200 douaniers ont été démis de leur fonction en quelques mois. Durant la deuxième moitié de 1990, 18.000 fonctionnaires ont été licenciés ou inculpés pour corruption. Entre novembre 1992 et juin 1993, 468 cas de corruption ont été signalés, portant sur plus de 10 millions d'USD. Officiellement, les chiffres de 1992 sont de 60 millions d'USD détournés par la corruption. Quant à la valeur des biens de contrebande saisis au cours du premier trimestre de 1993, elle atteignait 15 millions d'USD. Ce n'est pourtant que la partie visible de l'iceberg. Une estimation datant de 1992, indiquait en effet que la corruption portait sur environ 25% du PNB, soit une somme supérieure au budget de l'éducation.

En 1992, les importations illégales ont été estimées à 50% du commerce officiel. La présence, à proximité des 3.000 km de côtes, de pôles de production tels que Taïwan, Hong Kong, Singapour ou le Japon, rendent en effet les contrôles particulièrement inefficaces. Bref, l'informel prend une dimension considérable et des formes multiples. Certes, de nouvelles initiatives sont suscitées, mais la satisfaction des intérêts individuels s'y installe comme une norme de moins en moins contestée. Les fonctionnaires publics sont souvent complices du système, rendant ainsi peu opérant le rôle de régulation que pourrait jouer l'Etat.

VI. L'ouverture économique et la polarisation sociale

Un des attraits du marché vietnamien réside dans la pratique des bas salaires. En 1990, le salaire minimum d'un ouvrier travaillant dans les secteurs aux capitaux étrangers fut fixé à 50 USD par mois. Mais progressivement sous l'effet de la pression des agents économiques, il s'abaissa jusqu'en dessous de la barre des 35 USD. Il faut aussi se rappeler que la réforme de 1991 a progressivement réduit les avantages extra-salariaux des employés d'Etat (électricité, éducation, soins de santé, sécurité sociale), afin de diminuer les dépenses de ce dernier.

Entre 1988, année de la parution de la loi sur les investissements étrangers, et 1992, le montant global de ces derniers fut de 7.5 milliards d'USD, dont près de 2 milliards réalisés fin 1992. Les crédits se répartissaient pour 40% dans l'industrie, 26% dans le pétrole et le gaz, 21% dans le tourisme et les services, 6% dans l'agriculture et 4% dans les télécommunications. Parmi les investisseurs, signalons principalement Taïwan (1.25 milliard d'USD), Hong Kong (1.06 milliard), la Corée du Sud (473 millions), la Malaisie (230 millions), le Japon (310 millions), la France (322 millions), la Grande Bretagne (304 millions), l'Australie (415 millions).

Taïwan et Hong Kong occupent donc les premières places sur la liste des investisseurs étrangers. Les capitaux taïwanais investis sont de l'ordre d'un milliard d'USD dont un peu plus de 300 millions réservés aux secteurs de l'hôtellerie et de la restauration. Les pays occidentaux ne viennent qu'à partir du troisième et quatrième rangs. D'après les données officielles, fin 1992, à Hochiminhville, les investissements étrangers se chiffraient à 470 millions d'USD pour 134 projets, parmi lesquels 35 dans le secteur immobilier pour une valeur de 397 millions d'USD. La levée de l'embargo américain donnera sans doute une certaine impulsion à l'entrée de capitaux en provenance des Etats-Unis. Par ailleurs, elle aura aussi des conséquences sur les prêts et les financements des organismes financiers internationaux, tels le FMI, la Banque Mondiale ou la Banque Asiatique de Développement, puisqu'une fin a été mise au véto systématique d'un de leurs plus puissants actionnaires, sur toutes les opérations concernant le Vietnam.

Par ce choix des secteurs d'intervention, les investisseurs étrangers ne répondent guère aux voeux des officiels vietnamiens, qui souhaitent au contraire développer certains secteurs industriels à forte composante en main d'oeuvre ou situés dans les technologies de pointe. Il n'y a pas encore de chiffres officiels, mais on peut estimer qu'il y avait en 1993, tout au plus 20.000 travailleurs engagés dans les secteurs ayant bénéficié de capitaux étrangers. La plupart travaillent dans le textile et l'habillement. Les bas salaires et l'imposition d'un rythme intensif de travail ont eu pour effet le déclenchement de plusieurs grèves spontanées, c'est-à-dire non organisées par la Confédération du Travail du Vietnam. En effet, avec l'introduction de l'économie de marché, le syndicat vietnamien ne sait plus comment faire pour mener une grève sans en même temps risquer de remettre en question les bases de la nouvelle politique décrétée par les pouvoirs publics. Voilà pourquoi le droit de grève reste encore une question non-résolue dans la législation actuelle.

Par ailleurs, avec l'ouverture à l'économie de marché, la polarisation sociale a rapidement grandi. Les nouveaux riches étalent au grand jour leur aisance, à côté d'une pauvreté également criante. Parmi les premiers, beaucoup sont formés par une coalition entre les détenteurs du pouvoir politique et les organisateurs de réseaux de commerce, officiels ou parallèles. Ainsi, une nouvelle couche sociale fait son entrée sur scène, ceux que la culture populaire appelle les "capitalistes rouges". Avec eux, les règles de concurrence de l'économie de marché sont faussées. Ils pèsent de tout leur poids extra-économique dans le champ économique, faisant ainsi pencher tendancieusement la balance en leur faveur et au détriment des travailleurs. Un exemple: l'exportation d'un million cinq cent mille tonnes de riz enrichit surtout la couche d'intermédiaires influents et non les paysans. Les revenus de ces derniers n'ont guère augmenté, mais parfois bien diminué. Il faut cependant reconnaître qu'avec l'économie de marché, le monde rural a aussi tiré certains bénéfices. En effet, les paysans aisés peuvent désormais acheter librement des vidéo-cassettes pour visionner confortablement les films de Hong Kong !

VII. Croissance économique et régression sociale

Devant l'ensemble de ces processus, on éprouve une certaine crainte: est-on en train de passer d'un extrême à l'autre, du "tout Etat" au "tout Marché" ? Les lois du marché - profit, concurrence, offre/demande - s'implantent en effet dans presque tous les domaines de la vie sociale. Leur expansion sans grands contre-poids, se réalise au détriment du secteur social.

Première victime, l'éducation nationale. La régression est frappante, tant du point de vue quantitatif que qualitatif: le minerval augmente mais le contenu baisse. Beaucoup de jeunes, faute de moyens, ne peuvent plus aller à l'école. Plus grave encore, l'enseignement n'a plus de visée humaniste, il doit être pratique, rentable et en outre, il doit servir tout de suite. Le budget de l'éducation n'arrive plus à assurer le minimum vital aux enseignants. Certains abandonnent leur profession alors que d'autres doivent avoir recours à un second métier. Le salaire des enseignants est inférieur à ceux des ouvriers du secteur privé. En 1993, il manquait 42.000 institutrices de classe maternelle et 53.000 instituteurs du primaire. Les écoles normales n'ont pu recruter que la moitié de leurs effectifs normaux.

Par ailleurs, l'Etat renonça également, en 1989, à la gratuité de la scolarité. Malgré certains aménagements pour les familles les plus pauvres, l'abandon scolaire devient de plus en plus fréquent. Ainsi, le nombre d'élèves du second cycle est passé de un million en 1986 à 500.000 en 1991 et l'enrôlement global, malgré l'accroissement démographique, a diminué de 7% entre ces deux dates. Depuis 1989, le gouvernement autorise la fondation d'écoles privées.

Dans le domaine hospitalier, on assiste à un phénomène semblable. Les rapports marchands priment. Un nombre croissant de services médicaux, d'habitude réservés aux pauvres, ne sont plus que des apparats. A partir de 1954, le gouvernement de ce qui était alors le Nord-Vietnam avait organisé un service de santé qui atteignit l'ensemble des villages et il fit de même dès 1976 dans le Sud du pays. Il en résultat à l'époque des progrès importants dans les domaines de l'espérance de vie (62,7 ans en 1990), la mortalité infantile ou encore le nombre de médecins par tête d'habitant (950 en 1989). Les restrictions budgétaires de la fin des années 1980, la décision de reporter sur les provinces une plus large part des dépenses de santé, l'obligation, à partir de 1989, de payer une quote-part, ont réduit l'efficacité du système. Il faut aussi ajouter que les investissements publics dans l'adduction d'eau et le traitement des déchets ont fortement diminués. L'accroissement de la malaria, de la dengue, de la fièvre typhoïde et du choléra sont à mettre en relation avec l'ensemble de cette situation. Ce sont précisément les provinces les plus pauvres qui en pâtissent le plus.

Enfin, il faut encore ajouter que dans la même logique, on assiste à une diminution du personnel de santé, y compris des infirmières et des sage-femmes qui gagnent plus dans le secteur privé ou le secteur informel, de même que du nombre de lits d'hôpitaux par habitants, le nombre d'institutions étant dépassé par la forte croissance démographique.

Les effets sociaux des nouveaux "ajustements" se manifestent aussi dans d'autres domaines, notamment la prostitution et la drogue. Sans doute ces phénomènes existaient-ils avant 1986, mais ils ont connu un accroissement spectaculaire depuis cette date. C'est ainsi que l'on signale l'existence de quelques 600.000 très jeunes prostituées et de plus de 80.000 drogués. L'ouverture au tourisme international et l'introduction de la logique mercantile font d'ailleurs craindre à certains que Saïgon ne deviennent un nouveau Bangkok.

Le gouvernement vietnamien et le PCV sont conscients de ces problèmes. Mais comme je l'ai dit au début, le processus d'ouverture à l'économie de marché est plutôt forcé que pensé. D'où le manque de conceptualisation et de perspectives, qui ne peut être comblé que par un travail de réflexion commune. Et pour que cette dernière puisse devenir matière fertile d'alternatives pertinentes, il faut pouvoir aborder sans crainte et sans honte les réalités.

Pour répondre à ces énormes défis, le gouverment est en fait assez démuni. Non seulement la diminution de ses moyens suite aux événements survenus dans l'Est européen ainsi qu'à l'introduction de la logique du marché, a limité ses possibilités d'intervention, mais il reconnaît lui-même qu'une attention trop exclusive à la croissance économique fut une erreur qu'il devra sans doute payer très cher.

Un effort est aujourd'hui entrepris pour essayer de pallier au raz-de-marée en cours. Ainsi, en 1993, de nouvelles lois ont été promulguées sur la protection de l'environnement, les banqueroutes, l'organisation des tribunaux, et d'autres sont déjà en préparation en ce qui concerne le code civil, la législation du travail, les investissements, les droits de succession, les élections municipales, etc. Il s'agit donc d'adapter le cadre juridique aux nouvelles données de l'économie. Mais ces mesures sont souvent ambivalentes, certaines étant destinées à fournir une régulation, d'autres à lever simplement des obstacles. Ainsi, la législation sur les investissements étrangers est considérée par la Banque Mondiale, comme une des plus libérales parmi les ex-pays socialistes.

L'histoire contemporaine du Vietnam est parsemée de guerres; elle est remplie de cassures, de fractures, de ruptures. Et les ruptures les plus douloureuses et les plus profondes sont, à mon sens, celles qui se sont produites dans le domaine culturel: de l'ordre confucéen ancien à l'ordre colonial, du temps des Français au temps des Américains, du partage du pays avec le capitalisme néo-colonial au Sud et le socialisme de guerre au Nord, de la réunification du pays au drame des boat-people, de l'économie planifiée à l'économie de marché, nos boussoles culturelles sont perturbées. Or, à considérer de près, le choix que fait actuellement le Vietnam est avant tout un choix de sociétés, c'est-à-dire un choix de culture. Dans ce choix, de quels moyens disposons-nous pour réconcilier le passé et le présent, l'histoire et l'avenir, la tradition et la modernité ? Et comment faire, avec nos maigres bagages culturels et nos boussoles déréglées pour affronter les nouveaux défis que ce choix nous impose ? Voilà, je crois, une question essentielle.

Jusqu'à quel point la logique du marché est-elle compatible avec un objectif socialiste ? C'est le défi que le Vietnam rencontre aujourd'hui. D'autres pays y sont aussi confrontés, tels que la Chine, la Corée du Nord ou Cuba. Pourront-ils sortir de l'empirisme, pour contribuer à une interrogation théorique ? Réussi cela est cependant une condition fondamentale pour la création de réelles alternatives.

* * *

PRISE DE POSITION

ALTERNATIVES SUD 1

LE REAJUSTEMENT DU SYSTEME ECONOMIQUE MONDIAL

VOL. I (1994) 1

L'époque actuelle se caractérise par la restructuration de l'économie à l'échelle mondiale. Elle consiste en fait en une interpénétration des économies au travers des frontières nationales, évolution dont une des conséquences majeures est la perte de coïncidence entre l'espace de gestion économique et l'espace politique de l'Etat-Nation.

Ce phénomène illustre en fait la logique économique du projet néo-libéral, à savoir la loi du rendement maximal, oubliant par trop rapidement que tous les acteurs, tant sociaux qu'économiques, ne se situent pas automatiquement dans un rapport de réciprocité équitable. Les analyses des auteurs posent les jalons d'une réflexion sur les alternatives possibles.

SOMMAIRE

CENTRE TRICONTINENTAL
Louvain-la-Neuve

L'HARMATTAN
Paris

Alternatives Sud, Vol. I (1994) 2, pp. 139-147

DECLARATION DU PLAN DES PEUPLES POUR LE 21ème SIECLE

Bangkok, décembre 1992

Préambule

La déclaration du Plan des Peuples pour le 21ème Siècle (PP-21), organisation regroupant des mouvements populaires d'Asie et du Pacifique a été publiée à Bangkok, Thaïlande, en décembre 1992.

1. Le PP-21 a été créé par quelques 50 mouvements sociaux et autres centres de recherche et développement, principalement originaires de la région Pacifique et du Sud-Est asiatique. Ceux-ci s'étaient rencontré précédemment à Minamata, au Japon, en 1989[1]. Durant cette seconde réunion, quelques 300 organisations venues de 40 pays différents ont échangé leurs points de vue, leurs buts et leurs espoirs quant à cette initiative.
2. En effet, tous, du paysan thaïlandais, militant d'une faction ethnique, à l'universitaire japonais en passant par le sociologue européen ou l'apprenti-guérrillero de Burna, ont échangé leurs expériences, leurs points de vue sur les différentes situations et problèmes locaux, en soulignant toutefois le fait que ces derniers étaient déterminés, influencés, voire causés par les événements internationaux.
3. Bien que n'ayant pas l'intention de mettre sur pied un appareil bureaucratique, le PP-21 se veut la réponse du

---

1. La déclaration de Minamata a été publiée dans le **Bulletin Sud-Sud**, n° 2 (1992), Centre Tricontinental, Louvain-la-Neuve.

Sud, ensemble avec des organisations alternatives du Nord, à l'inquiétante évolution du monde des affaires. En ce sens, le Mouvement des 500 ans (Amérique latine) a travaillé en parallèle avec le PP-21, et il n'est guère étonnant qu'il ait été l'un des premiers à établir des contacts avec lui.

Les objectifs du PP-21 sont ambitieux: proposer des alternatives venant du peuple, s'imposer dans le siècle qui vient, rencontrer la grande diversité des perspectives tant locales que culturelles et surmonter les énormes inégalités dans le domaine des ressources; finalement, s'unir grâce à la création d'un front commun de toutes les initiatives de base.

* * *

Nous, participants de la Rencontre du Plan des Peuples pour le 21ème Siècle, tenue à Bangkok du 06 au 10 décembre 1992, sommes les représentants de mouvements populaires, d'ONG nationales, régionales et internationales ainsi que de groupes de solidarité de 42 pays de toutes les régions et continents de la planète. Nous nous sommes réunis dans le but de réitérer et renouveler notre engagement à construire des alliances, par delà les frontières, pour la lutte, la solidarité et l'espérance des peuples. Nous nous réunissons dans l'état d'esprit qui a prévalu lors de la Déclaration de Minamata (1989).

Depuis cette date, des collaborations ont été établies entre initiatives locales, nationales, régionales voire même transcontinentales par delà les frontières et les cultures. Une étape significative a ensuite été franchie par l'établissement de relations avec les mouvements indigènes, noirs ou de résistance populaire du continent américain et par la constitution du groupe de coordination PP-21.

Nous nous sommes rencontrés en tant que femme, travailleur, paysan, jeune et étudiant, indigène, citadin pauvre, en tant que militant et porte-parole de la paix et des droits de l'homme, de la démocratie participative, du développement de base, des cultures alternatives et du tourisme. Les rencontres, les expériences, les idées et les plans d'action qui ont émergés de ces activités sectorielles ou inter-disciplinaires, tenues en différents endroits de Thaïlande, ont culminé lors de la réunion de Bangkok au cours de laquelle nous avons pu échanger nos expériences de vie et de lutte par le biais de différentes formes d'expression: poèmes, chants, danses, théâtre et exposés visuels.

I. PP-21: De Minamata à Bangkok, renouveler l'alliance de l'espoir

La réunion du PP-21 s'est déroulée en Thaïlande au moment même où des changements tant globaux que nationaux, défiaient les conditions de notre existence.

L'Union Soviétique s'est effondrée. Le système capitaliste international a plus que jamais étendu sa domination. On assiste par ailleurs à une concentration sans précédent du pouvoir dans les mains des Etats-Unis et du Groupe des 7 qui ont, désormais, un pouvoir de quasi-monopole sur les institutions politiques, les ressources économiques, le pouvoir militaire ainsi que sur les moyens d'information et les technologies. Des institutions telles que le Fonds Monétaire International, la Banque Mondiale, le GATT et la Banque Asiatique de Développement travaillent ensemble pour renforcer la domination des entreprises multinationales au nom de la libre entreprise, sans tenir aucunement compte des nécessités de base, ni de la survie des laissez-pour-compte de la société. Les Nations Unies, et en particulier le Conseil de Sécurité, sont devenus un instrument de politique étrangère au service des Etats-Unis comme l'ont encore démontré dernièrement la Guerre du Golfe et d'autres événements similaires.

Cette structure de domination et de contrôle national de la vie quotidienne s'intègre dans un système global de domination. La plupart des gouvernements de la région sont armés jusqu'aux dents et ont des pouvoirs très étendus qui étouffent le développement de la société civile. La démocratie est devenue un ensemble de symboles et de rituels vidés de toute substance. Les droits civils et politiques fondamentaux de nos peuples sont niés. Cette négation est peut-être plus flagrante dans les sociétés sous régime militaire, mais elle est certainement autant, si pas plus, destructrice dans les sociétés où l'autoritarisme se cache derrière un visage civil.

Il existe une pauvreté massive et une exploitation flagrante de la force de travail et de l'environnement. Les élites de plusieurs pays asiatiques et de la région du Pacifique renforcent leur maintien au pouvoir et la poursuite de la politique de profits au détriment des besoins de base et des droits fondamentaux de la population. Le contrôle, fatal, de nos pays par le capital international et par les industries orientées vers l'exportation, qui ont par ailleurs été qualifiées de "miracle économique" (les Nouveaux Pays Industrialisés), n'ont fait qu'accroître la pauvreté existante.

Nous n'avons cependant aucune raison de désespérer. Nous savons que les structures injustes, que ce soit au niveau de la communauté locale, du pays ou de la région, se détériorent, vascillent et finiront un jour par s'écrouler. Elles ne peuvent durer. Notre confiance n'est pas fille de la naïveté. Notre foi en un futur juste pour l'ensemble de l'humanité n'est pas le produit de quelque rêve utopique. Ces trois dernières années, depuis notre rencontre de Minamata, nous avons vu nos luttes se développer et s'intensifier.

Il y a six mois, des gens non-armés ont commencé une lutte face à des blindés et des armes pour l'instauration de la démocratie dans leur pays [Thaïlande]. Le peuple est descendu dans les rues des villes et des villages. En défiant ainsi le pouvoir étatique, il a une nouvelle fois démontré le pouvoir de la lutte non-armée. Au prix de sang et de larmes, il a prouvé sa détermination morale et son engagement pour la cause de la démocratie participative. Par ce processus, le peuple a réaffirmé sa dignité inhérente et recouvré le pouvoir qui lui appartient.

Bien que ce fut certainement l'expression la plus dramatique du pouvoir populaire dans cette région depuis Minamata, nous assistons également aux luttes menées par des femmes contre la violence et la domination, par des peuples pour leur survie et la préservation de leur identité ethnique et culturelle, ainsi que pour une relation harmonieuse entre la nature et l'humanité, par des travailleurs pour des conditions de travail plus justes et plus humaines, par des citadins démunis, pour le droit à un toit, et par des jeunes et des étudiants pour une société démocratique et égalitaire.

Chacune de ces luttes témoigne du réveil de la conscience populaire, d'un remou dans nos coeurs en réponse aux injustices et aux inégalités de l'ordre existant. Chaque lutte démontre la capacité du peuple à choisir sa propre destinée. C'est la preuve de notre confiance en notre capacité à modifier le cours de l'histoire, modification qui, à son tour, renforce cette capacité.

La signification de ces luttes en Asie et dans le Pacifique témoigne de l'engagement pour la vie, engagement d'autant plus précieux que c'est l'Asie qui a donné naissance aux traditions morales et spirituelles les plus importantes de notre monde. En même temps, ces luttes démontrent aussi la pertinence et la signification des traditions, cultures et valeurs des peuples autochtones de la région. Au centre de ces traditions se trouve la vision d'une vie et d'une manière de vivre inspirée par la justice, l'amour et la compassion. La réalisation de ce qui est le plus essentiel dans ces traditions demande leur réinterprétation constante. Et c'est précisemment celle-ci qui trouve écho dans les luttes des plus démunis et des opprimés pour réaffirmer leur humanité.

Réaffirmer notre humanité passe par la destruction des structures d'injustice, au niveau de la communauté locale, du pays, de la région ou du monde, structures qui nous déshumanisent et nous enchaîne à l'ostentation et au pouvoir. Ceci exige un effort concerté de notre part pour arriver à créer une démocratie participative et pour favoriser un véritable développement pour tous. Cela exige le renforcement des initiatives de base et des réseaux de communication, l'établissement d'alliances entre organisations populaires. Cela exige également des liens par delà les frontières pour le soutien à ces luttes populaires.

II. L'établissement d'alliances

Les alliances sont orientées vers les objectifs à long terme du PP-21. Il s'agit notamment de l'Alliance de l'Espoir qui doit concentrer le pouvoir global des peuples dans le but d'une confrontation avec les pouvoirs dominants actuels caractérisés par l'injustice et les inégalités. Pour permettre l'éclosion de cette force, il est indispensable que nous nous orientions vers la constitution d'alliances entre mouvements populaires qu'ils soient locaux, nationaux, régionaux ou mondiaux.

Ces alliances se fondent sur un contact de peuple à peuple et trouvent leur origine dans une culture qui a comme racines l'amitié et la collaboration par delà les frontières et les intérêts particuliers. Ceci exige de notre part une volonté d'apprendre, à partir de nos luttes respectives, et de renforcer nos relations. Notre défi est de nous ouvrir aux autres cultures et expériences dans une volonté et un effort d'allier non seulement des idées mais aussi des personnes. Il s'agit également de soutenir et de donner une signification au langage et à la communication entre les peuples, et d'être ouvert aux initiatives, d'où qu'elles proviennent.

Le PP-21 s'appuye sur l'action et la participation des peuples et de leurs organisations, avec l'aide des ONGs et d'autres organisations de soutien. Il s'agit des fondements de notre politique de création d'alliances, au sein desquelles nous voulons encourager et appuyer les programmes concrets sur lesquels se basent les actions populaires.

Dès lors, en tant que participants du PP-21, nous nous engageons à réaliser les différentes propositions et autres plans d'action adoptés lors des forums sectoriels et thématiques. Ceci comprend les points suivants.

1. L'échange et la diffusion de l'information

Nous devons apprendre à mieux connaître les réalités qui nous entourent.

Nous devons nous tenir au courant des rapides changements qui affectent les réalités et les tendances dans toutes leurs dimensions, ceci pour plusieurs raisons. Premièrement, l'information nous est de plus en plus souvent refusée et il existe une tendance délibérée à nous empêcher d'y avoir accès. Ensuite, des processus sont en cours dans nos sociétés et nos régions qui ne peuvent être combattus que par des moyens qui dépassent les frontières. Enfin, nous devons apprendre à construire à partir du savoir, des expériences et des luttes de chacun. Tout ceci doit nous rapprocher et nous montrer le chemin vers une action de collaboration concertée, de manière à renforcer mutuellement nos luttes respectives.

La diffusion de l'information ne doit pas être comprise comme un transfert purement mécanique, vu la complexité des problèmes qui influencent directement et de manière importante la vie des peuples. Aussi, pour éviter que les idées et analyses ne restent confinées dans une *langue de bois*, une stratégie adéquate de communication doit être mise sur pied afin que les différents secteurs concernés aient accès aux études et aux informations dans un langage compréhensible par tous.

Durant le Forum principal, les participants ont exprimé leur souhait de voir s'établir un échange et une diffusion d'informations concernant un large éventail de problèmes. Parmi ceux-ci, on peut noter:

- l'impact de la bio-technologie sur l'agriculture, la drogue et les produits pharmaceutiques, ainsi que ses implications sur la population de la région;
- l'organisation d'un inventaire des ONGs présentes dans la région de même que de leurs compétences, ressources et centres d'intérêts;
- l'industrie et le commerce du sexe;
- le concept d'aide, le commerce, la dette et les ajustements structurels;
- les problèmes environnementaux directement en relation avec le développement et l'aide apportée.

2. Lobbying et action de solidarité

La responsabilité des entreprises multinationales et des gouvernements de pourvoir aux besoins des populations et de promouvoir leurs droits fondamentaux a été constamment rappelée. Dès lors, parmi les problèmes qui exigent une action de solidarité se trouvent l'exigence de la liberté d'association, la protection et la promotion des droits de l'homme ainsi que le droit à l'auto-détermination.

3. Création d'alliances Sud-Sud et Nord-Sud

Nous devons construire des alliances sectorielles et inter-sectorielles transnationales, et ce depuis le niveau de la communauté jusqu'à celui des relations internationales. Quelques initiatives existent déjà dont, par exemple, celle regroupant les pêcheurs du Sud de la Thaïlande et ceux du Nord de la Malaisie. Une autre initiative est celle de la réalisation d'un groupe de réflexion sur la survie de l'agriculture, des fermiers et des paysans asiatiques. Des jeunes urbains et des étudiants participant au Forum ont proposé de se joindre aux fermiers et aux populations aborigènes. Des relations commerciales ont été mises sur pied sur base de termes d'équité entre des consommateurs du Nord (le Japon) et des producteurs du Sud (des travailleurs de l'industrie du sucre de l'île Negros, aux Philippines).

Durant ce Forum, nous avons appris l'existence de plusieurs initiatives organisées conjointement par des groupes de différents pays et qui couvrent divers thèmes et problèmes. Parmi celles-ci nous pouvons citer:

- le renforcement des réseaux d'aide pour l'hébergement, le sauvetage, l'assistance légale, le conseil, la réintégration des femmes Thaï victimes du commerce du sexe ou d'une production, fruit de l'exploitation du travail des femmes;
- l'organisation de femmes, par delà les cultures, les secteurs d'activité ou les nationalités pour condamner fermement les violences perpétrées à leur encontre;

- la mobilisation nationale et internationale pour le soutien des peuples indigènes et des tribus montagnardes, à l'occasion de l'année 1993, déclarée par les Nations-Unies, l'Année des Peuples Indigènes.

4. La construction d'alliances inter-culturelles

Il est de notre devoir de construire des alliances fondées sur des cultures libératrices afin de respecter et d'enrichir nos diversités et ceci en dépit de la croissance des chauvinismes ethniques, du communitarisme et du racisme.

Nous devons également renforcer les liens créés aux niveaux locaux, nationaux et internationaux par le PP-21, et ce en collaboration avec les groupes et les alliances régionales. A ce même niveau, un mécanisme de fonctionnement minimal de manière à assurer le suivi des travaux du PP-21 a été proposé. Des consultations régionales doivent être tenues pour décider des formes et du développement des activités futures.

* * *

Traduction: Alain Carrier

Plan des Peuples pour le 21ème Siècle (PP-21)
P.O.Box 26
Bungthonglang
Bangkok 10242 / Thaïlande

INDEX DES NOMS PROPRES

TABLE DES MATIERES

LIVRES RECUS

CICIBA - *Facteurs culturels et projets de développ rural en Afrique Centrale*, L'Harmattan, Paris, 1989.

CINEP (Bogotá) - Centro de Reflexión Teológica (Mé - Centro Gumilla (Caracas) - Centro de Reflexión y A Social (México) - *Neoliberales y Pobres. El d continental por la justicia*, Santafé de Bogotá, D.C., 19

GOUVERNEUR, Jacques - *Les Fondements de l'Eco Capitaliste. Introduction à l'analyse économie marxis capitalisme contemporain*, Ed. Contradictions, Bruxel L'Harmattan, Paris, 1994.

JACOB J.-P. & LAVIGNE DELVILLE, Ph. - *associations paysannes en Afrique. Organisatio dynamiques*, Karthala, Paris, 1994.

LOPEZ VELASCO, Sirio- *Etica de la Produc fundamentos*, CEFIL, Campo Grande, Brésil, 1994.

MADURO, Otto A. - *Mapas para la Fiesta. Reflex latinoamericanas sobre la crisis y el conocimiento*, Ed. C Nueva Tierra, Rio de Janeiro-New York, 1993.

TEITELBAUM Alejandro - *Impunity and Society. International Community and Impunity as a socio- phenomenon both nationally and internationally*, LIL Genève, 1994.

VAL, Noone - *Disturbing the war*, Melbourne Catholic Vietnam, Ed. Spectrum, Victoria, Australia, 1994.

WURTZ, Francis - *Un Monde à Changer. E internationaux. Entretien avec Aline Pailler*, Editions Soc Paris, 1993.

YEPEZ DEL CASTILLO, Isabel - *Les syndicats à l'he la précarisation de l'emploi. Une approche compa Europe-Amérique latine au départ d'une étude de c Pérou*, Academia, Louvain-la-Neuve & L'Harmattan, 1993.

LES PUBLICATIONS DU CETRI

LIVRES	Belg. FB	Etr. FB
- F. HOUTART et G. LEMERCINIER, l'Energie et la Culture, Paris, L'Harmattan (1990).	500	525
- J. BULA, Violence, Démocratie et Développement, Paris, L'Harmattan, (1990).	550	575
- F. HOUTART et G. LEMERCINIER, El campesino como actor - Sociología de una comarca nicaragüense: El comején, Managua, Nicarao, (1992).	250	275
- F. HOUTART, Sociología de la Religión, Managua, Nicarao, La Havane, CEA, (1992).	200	225
- F. HOUTART, Ruptures sociales et Religion, Paris, L'Harmattan, (1992).	720	750
- F. HOUTART et G. LEMERCINIER, La mujer urbana en Nicaragua: visión del mundo, religión y dimensión éticapolítica, Managua, Nicarao, (1993).	200	225

REVUES ASSOCIEES A ALTERNATIVES SUD

- **African Review** (Tanzanie)
- **Bulletin du Forum du Tiers-Monde** (Sénégal)
- **Cuadernos do Ceas** (Brésil)
- **Desarrollo Económico** (Argentine)
- **Economic and Political Weekly** (Inde)
- **Ecuador Debate** (Equateur)
- **El Otro Derecho** (Colombie)
- **Envío** (Nicaragua)
- **Iztapalapa** (Mexique)
- **Journal of Rural Development** (Inde)
- **Journal of Social Studies** (Bangladesh)
- **Kasarinlan** (Philippines)
- **Marxist** (The) (Inde)
- **Nueva Sociedad** (Vénézuela)
- **Paginas** (Pérou)
- **Pasos** (Costa Rica)
- **Reflexión y Liberación** (Chili)
- **Revue Africaine de Développement** (Côte d'Ivoire)
- **Social Action** (Inde)

ALTERNATIVES SUD

CONDITIONS D'ABONNEMENT

	Abonnement annuel (4 n°)	Numéro
Belgique	1.800 FB	500 FB
France	300 FF	85 FF
Suisse	70 FS	21 FS
Autres	60 USD	20 USD

* * * * *

BELGIQUE: CENTRE TRICONTINENTAL - DOCUMENTATION
Avenue Sainte Gertrude, 5
B-1348 Louvain-la-Neuve
Tel: 32/(0)10/45.08.22
Fax: 32/(0)10/45.31.52

Compte: CCP/GIRO 000-1306002-91
Versement en dollars: 058-6015214-93

FRANCE: L'HARMATTAN
Rue de l'Ecole Polytechnique 7
F-75005 Paris

SUISSE: ALTERNATIVES SUD
Case Postale 120
CH-1207 FRIBOURG 7

CCP/GIRO: 17-17912-0

Achevé d'imprimer par

SIB

27130 Verneuil-sur-Avre

N° d'imprimeur : 119
Dépôt légal : septembre 1994